POURQUOI LES PSYCHOLOGUES?

1ʳ édition: septembre 1968
2ᵉ édition: novembre 1970
3ᵉ édition: septembre 1971
4ᵉ édition: mai 1973
5ᵉ édition: janvier 1976
6ᵉ édition: octobre 1978
7ᵉ édition: mai 1985

© by Pierre Mardaga, Bruxelles 1985
2, Galerie des Princes, 1000 Bruxelles
37, rue de la Province, 4020 Liège
D. 1985-0024-20

PSYCHOLOGIE ET SCIENCES HUMAINES

Marc Richelle

pourquoi les psychologues?

Septième édition

PIERRE MARDAGA, EDITEUR
2, GALERIE DES PRINCES, BRUXELLES

A LA MEMOIRE DU
Dr. REGINALD GRAULICH

POURQUOI LES PSYCHOLOGUES?

On a posé cette question à propos d'autres espèces. Voici quelques années, M. Revel, dont il nous arrivera de reparler, l'a posée à propos des philosophes. M. Gusdorf, plus récemment, la posait à propos des professeurs. On pourrait la poser à propos des ingénieurs, des médecins, des reporters ou des sportifs. Mais on n'y songe pas. Il est donc des espèces qui ne sont guère prédisposées aux mises en question, d'autres qui le sont. Ceci ne peut manquer d'inquiéter les dernières. Le sens du pourquoi est cependant sensiblement différent selon qu'il porte sur les philosophes, sur les professeurs ou sur les psychologues. Dans le cas des premiers, ceux d'entre eux du moins que visait M. Revel, il est permis de s'interroger sur la survivance d'une race qui ne répond plus à sa vocation, ne possédant plus les moyens de dominer tout le savoir humain pour en inspirer et en guider le développement, et se piquant pourtant d'expliquer un univers qu'elle ne comprend pas sans souci de se rendre intelligible. Devant maints philosophes d'aujourd'hui, réduits pour sauver leur existence menacée par l'émancipation des sciences à se forger un attirail, mais purement verbal, de spécialistes, la question est bien, en effet: Pourquoi sont-ils encore là? Comment les justifier? Comment expliquer qu'ils se maintiennent en vie alors qu'ils ne remplissent plus aucune fonction, repliés sur eux-mêmes, s'imaginant couronner de leur stérile réflexion les efforts de tous ceux, totalement indifférents d'ailleurs à leur délire, qui font effectivement progresser le savoir? La question, à leur sujet, est pour ainsi dire paléontologique.

S'agissant des professeurs le pourquoi revêt une tout autre signification. Pourquoi est-il essentiel de les sauvegarder dans leur dignité — la dignité de leur fonction de *maîtres* — si l'on veut sauvegarder la culture humaine? Et l'on pourrait poursuivre la question, sans trahir sans doute les idées de M. Gusdorf, en demandant par quel miracle, se sachant si nécessaires, ils tolèrent de servir encore une société dont l'estime semble inversement proportionnelle au besoin qu'elle a d'eux. Qu'on nous entende bien: nous ne pensons nullement à nous, professeur comblé s'il en est, mais à ceux qui, douze ans avant nous, prennent en main nos étudiants pour leur enseigner la lecture et dont le sort est sans aucun doute le scandale le plus irritant de nos sociétés occidentales, qui ne seraient rien sans eux.

Notre *Pourquoi*, s'adressant aux psychologues, veut dire autre chose. Ce qu'il faut expliquer ici, ce n'est pas la survivance d'une espèce aux fonctions désormais contestables, ni la providentielle persistance d'une espèce fort ancienne, mais plus indispensable que jamais, c'est la récente, soudaine, et pour tout dire inquiétante prolifération d'une espèce nouvelle. Comment expliquer qu'elle soit née et qu'elle soit devenue en si peu de temps si florissante — c'est souvent son propre point de vue — et si envahissante — c'est quelquefois le jugement que l'on porte sur elle?

Nous tenterons de répondre à cette question, ou du moins d'en éclairer quelques aspects, non pas en faisant le panégyrique de la psychologie, mais en analysant les développements de la science qui l'amenèrent à éclosion, les conditions de notre société qui favorisent son expansion, les espoirs fondés ou déraisonnables que l'on met en elle. Nous nous demanderons dans quelle mesure on la prend pour ce qu'elle est, dans quelle mesure elle se donne pour ce qu'elle vaut, ou pour ce qu'on attend d'elle. Nous essayerons d'en tracer un visage plus authentique, au risque de décevoir. Nous n'hésiterons pas pour ce faire à détailler quelques-unes de ses difficultés internes, car rien n'est plus étranger à la science que d'entretenir une image idéalisée d'elle-même. Nous serons ainsi amenés à comprendre les exigences d'une discipline scientifique particulièrement complexe et d'autant plus délicate dans ses applications qu'elle se heurte à un cortège de malentendus. Nous en viendrons à justifier la formation de plus en plus lourde que l'on impose aux futurs psychologues, à nous interroger sur leur sélection, et à soulever quelques problèmes concernant leurs débouchés professionnels.

Les pages que l'on va lire ne s'adressent pas aux spécialistes. Ceux d'entre eux qui ne mettent jamais en question leurs interventions ni leur raison d'être n'y trouveraient que des sources d'irritation, préjudiciables à leur équilibre psychique. Les autres n'y trouveront point de réflexions qui ne leur soient déjà venues à l'esprit, ils y perdraient leur temps. Les lecteurs que nous nous souhaiterions — mais nous ne nous dissimulons pas ce qu'a d'ambitieux un tel souhait — sont d'abord les futurs psychologues, ceux qui se trouvent devant le choix d'une carrière, ceux qui, ayant amorcé leur formation, s'interrogent avec un mélange sans doute unique dans la vie d'enthousiasme et d'esprit critique. A côté d'eux, mais non à défaut d'eux, il nous plairait de faire chemin, dans les pages qui suivent, avec quelques-uns de ces esprits sains et curieux, qui n'hésitent pas, vous sachant psychologue, à vous demander à quoi vous servez et dont vous esquivez par une boutade la question pourtant pleine de sens. Car comment leur expliquer en quelques mots que, dans certains cas, vous ne servez strictement à rien, du moins au sens où ils l'entendent ; que souvent vous n'êtes pas sûr de servir à quelque chose, et éprouvez quelque malaise à le laisser croire ; que maintes fois, bien que vous perceviez clairement votre rôle, il vous est interdit de le remplir, et qu'ainsi, à nouveau, mais par la force des choses, vous ne servez à rien.

Il me plairait que de tels lecteurs, parvenant à situer plus clairement la psychologie, l'aident en retour, et avec les psychologues qui la font ou la pratiquent, à mieux se situer elle-même.

CHAPITRE I

LES PSYCHOLOGUES ET LEUR PUBLIC

1. PSYCHOLOGIE SCIENTIFIQUE ET PSYCHOLOGIE DU SENS COMMUN: QUELQUES MALENTENDUS

Il n'est guère de science dont le public se fasse une image correcte. Mais la psychologie occupe assurément à cet égard la position la plus inconfortable. Elle est en effet victime d'une perpétuelle confusion entre science et sens commun, confusion d'autant plus tenace et subtile qu'on la trouve aussi bien du côté du profane que du côté du spécialiste. Sur les atomes, on laisse parler le physicien, et on l'écoute. Mais que l'on parle de l'homme, chacun a son mot à dire et ne s'en fait pas faute. Ce qu'en peut dire le spécialiste semble connu d'avance ou, s'il advient que cela choque nos conceptions, nous paraît erroné. Alors que nul ne songe à se substituer à l'ingénieur, ou au chirurgien, on se réserve couramment le droit de discuter, de mettre en question, voire de réfuter les propositions du psychologue, qu'elles soient d'ordre théorique, ou d'ordre pratique. Tout le monde se croit psychologue, et l'est d'une certaine façon, mais non au sens où il faut l'entendre du point de vue d'une science. Pour aggraver cette confusion, le malheur veut que le psychologue scientifique soit un homme comme les autres, porteur lui aussi de tout un patrimoine de psychologie du sens commun ; et il lui arrive souvent, pour des raisons que nous saisirons plus loin, de faire passer des lieux communs qu'il partage avec tous pour le fruit d'une savante recherche. Il s'auréole par là d'un grand prestige, puisque mille croyances répandues viennent à peu de frais gonfler sa science. Et du même coup, il fournit à l'homme de la rue une immense satisfaction, en le confirmant dans sa conviction d'être en ces matières presque aussi savant que lui.

Certes, depuis qu'il y a des hommes, et qui pensent, et qui vouent une bonne part de leurs pensées à eux-mêmes, une masse impressionnante d'observations se sont accumulées, sur les sentiments humains, les vertus, les vices et les travers, les traits de caractère des individus et les vicissitudes de la vie sociale. La psychologie dite scientifique n'annule évidemment d'aucune façon ces progrès considérables dans la connaissance de nous-mêmes qu'ont amenés au cours des siècles les efforts des artistes, des philosophes, des hommes d'action, des maîtres religieux, et la fantaisie pénétrante du regard populaire. La psychologie scientifique vise à tout autre chose que cette psychologie que nous avons appelée, pour faire court, la psychologie du sens commun. Si ce n'était le cas, elle n'aurait aucune justification. Il faudrait l'accuser de répéter dans un jargon sans beauté des vérités déjà dites avant elle avec beaucoup d'art. Ce qu'elle apporte ou cherche à apporter est donc différent. Selon le point de vue que l'on voudra adopter, ou l'idée que l'on s'en est faite à l'avance, on jugera que son apport est moindre, ou supérieur, à celui de la psychologie populaire.

Voyons en quoi, sur quelques points essentiels, se distingue la psychologie scientifique.

En premier lieu, elle ne limite pas son domaine d'étude à l'homme. Soucieuse de décrire et d'expliquer le comportement des organismes dans leurs relations avec le milieu physique ou social, elle est branche de la biologie. A ce titre, les lois qu'elle dégage concernent tantôt des ressemblances englobant les diverses espèces animales, l'espèce humaine incluse, tantôt des particularités caractérisant telle ou telle espèce ; s'agissant de l'homme, les particularités sont nombreuses et complexes en raison de sa position dans l'échelle évolutive, mais il importe de ne jamais perdre de vue la continuité biologique qui permet souvent d'éclairer ce que l'on observe chez une espèce supérieure par ce que l'on rencontre chez les espèces inférieures. C'est ainsi que l'étude de plus en plus fouillée et systématique des mœurs des animaux montre que de nombreux aspects de l'organisation sociale de l'espèce humaine n'ont rien d'original, mais trouvent leur analogue ou leur préfiguration dans les sociétés animales ; le langage humain, qui présente des caractéristiques que l'on n'a jusqu'ici jamais retrouvées dans les systèmes de communication des animaux, comporte néanmoins certains traits dèjà présents dans ces derniers. Les lois générales du conditionnement, étudiées d'abord sur des organismes animaux, ne cessent pas d'être valables au niveau de l'homme. On pourrait multiplier les exemples à l'infini. Ils illustreraient, par leur abondance, le fait que la psychologie scientifique traitant spécialement de l'homme n'est qu'une partie d'une psychologie générale, tout comme la physiologie humaine n'est qu'une partie de la physiologie générale, ou la biochimie humaine, une partie de la biochimie générale. Cette perspective est naturellement totalement étrangère à la psychologie traditionnelle du sens commun, exclusivement préoccupée de la nature humaine.

En second lieu, la psychologie scientifique se distingue par l'usage de méthodes particulières, inspirées des principes généraux communs à toutes les sciences. L'exigence du contrôle, de la vérification, domine ces principes. L'homme de science ne se fie à une observation que s'il peut la reproduire. L'impression du moment ne peut lui suffire. Il veut être sûr de n'être pas victime d'une illusion, d'un enthousiasme déformant, d'une défaillance de ses facultés. Il élaborera, comme autant de garde-fous, des règles destinées à conférer aux faits qu'il recueille et aux interprétations qu'il en propose le maximum d'objectivité. De plus, il ne doit pas être seul à pouvoir vérifier ce qu'il a vu, sans quoi il y aurait autant de sciences que de savants. Chacun de ses collègues doit pouvoir procéder à des vérifications. Il est essentiel que tous adoptent les mêmes règles. Une observation ne devient donc un fait de science qu'à la condition d'être communicable et vérifiable, et cette exigence suppose à son tour un accord sur les démarches méthodologiques. Ceci explique que dans toutes les sciences, l'effort d'élaboration des méthodes est indissociable de la recherche des faits et de leurs relations.

La méthode idéale est sans aucun doute la méthode expérimentale, dans laquelle le chercheur manipule à volonté les facteurs afin de préciser les conditions d'apparition et de variation d'un phénomène. Malheureusement, elle n'est applicable qu'à des degrés divers dans les différentes sciences. La psychologie l'utilise largement, mais il est des domaines importants de son champ d'étude où elle est forcée d'y renoncer, pour des raisons morales, pratiques, ou, paradoxalement à première vue, scientifiques; nous aurons l'occasion de revenir sur ce problème. Ce que nous voudrions souligner ici, c'est que la psychologie scientifique fut, à ses origines, une psychologie expérimentale au sens le plus strict du terme. Elle se préoccupait de questions qui apparaissent singulièrement limitées aux yeux du profane, mais se posaient très logiquement à une science naissante : quel est le temps minimal qui sépare une stimulation de la réponse de l'organisme? Quelle est la limite de l'audition, de la vision, du toucher? Quelles sont les différences les plus petites que nous arrivons à distinguer entre deux stimulations, sons musicaux ou couleurs, par exemple? etc... Ces questions, d'apparence fort simples, sont encore loin d'être épuisées aujourd'hui. Leur intérêt théorique n'est pas à démontrer, mais il concerne surtout les spécialistes. Leur intérêt pratique est très étendu, et, en cours de route, nous serons amenés à discuter des exemples qui illustreront l'importance de la vieille psychophysique dans la psychologie contemporaine.

On ignore généralement ce caractère expérimental de la psychologie scientifique à ses débuts, c'est-à-dire au milieu du siècle dernier. Les meilleurs esprits se méprennent d'ailleurs, d'une façon vraiment inattendue, tant sur les origines de la psychologie que sur le sens du mot *expérimental*. Ainsi, M. Revel, qui s'est illustré par ses charges caustiques contre une certaine caste de philosophes, écrit çà et là dans un de ses ouvrages que c'est avec Freud que la psychologie a enfin accédé au stade d'une science expérimentale [1]. Si pénétrant qu'ait été le génie du fondateur de la psychanalyse, ses découvertes sont encore très loin de répondre aux critères de la méthode expérimentale. Si c'était le cas, elles ne susciteraient pas autant de controverses. Plusieurs représentants de la psychanalyse, parmi les meilleurs, sont guidés par un souci de vérification, qu'il ne leur est pas toujours facile de traduire dans de véritables expérimentations. Mais la plus grande partie des apports de la psychologie expérimentale porte sur d'autres aspects du comportement et découle d'une tradition scientifique bien antérieure, et tout à fait étrangère à Freud. Une telle méprise, de la part d'un esprit aussi critique que M. Revel, donne la mesure de l'ignorance où se trouve le commun d'une science dont il est, pourtant, fort friand aujourd'hui.

Rien de comparable à ces règles de méthodes scientifiques dans la psychologie du sens commun. L'observation vaut ce que vaut l'observateur, et le raisonnement verbal peut s'exercer sans aucun frein. Chacun oberserve à sa manière, puis réfléchit comme il l'entend. Cela donne lieu à plus de fantaisie, mais autorise toutes les redites, l'originalité ne résidant souvent que dans le style,

---

[1] J. F. Revel, *La Cabale des Dévots,* Julliard, Paris, 1962.

et ouvre la porte à beaucoup d'erreurs, puisque aucun contrôle systématique n'est instauré.

Un troisième point sur lequel se distingue la psychologie scientifique est la nature des problèmes auxquels elle s'attaque. La psychologie du sens commun part d'un certain nombre de postulats indiscutables (pour elle), telles la conscience, la valeur de notre jugement logique, l'universalité d'une certaine nature humaine, etc... Pour la psychologie scientifique, tout doit être expliqué, y compris, et même avant tout les choses qui semblent aller de soi. Ainsi le problème de la conscience est bien le plus ardu de la psychologie, et il est sans doute, avec celui des origines de la vie, le plus fondamental de la biologie en général. De même notre jugement logique requiert explication ; il ne peut être pris pour une donnée première. Sur ce point, nous sommes sans doute plus avancés que sur le précédent, bien que très loin encore d'avoir tout éclairé. On sait, par les travaux de la psychologie comparée, quelles conduites préfigurent chez les espèces animales l'intelligence humaine, et, par les travaux de Piaget et de son école notamment, comment se construisent peu à peu au cours du développement de l'enfant les structures de comportement qui acheminent progressivement de l'activité sensori-motrice élémentaire du nourrisson aux opérations formelles dont se montre capable l'adolescent et aux raisonnements les plus abstraits du logicien et du mathématicien. La psychologie scientifique ne tient pas pour assuré que les hommes pensent, sentent, réagissent partout de la même façon. Les lois qu'elle dégage en étudiant une certaine catégorie d'individus, l'adulte occidental, par exemple, elle cherche à les vérifier sur d'autres populations, avant de les généraliser: c'est la tâche de la psychologie différentielle, de la psychologie génétique, de l'anthropologie culturelle de mettre en évidence ce qui distingue les différents groupes d'individus (sexes, classes sociales, classes d'âge, groupes professionnels, etc.), ce qui oppose l'adulte à l'enfant, ce qui différencie les peuples. Le noyau de la nature humaine, les traits communs à tous les hommes n'apparaîtront clairement qu'après qu'auront été décrites et expliquées toutes les différences qui les séparent. Une anthropologie générale, d'un point de vue scientifique, n'est donc pas affaire de réflexion; elle ne se dégagera qu'aux prix de patientes recherches.

Un quatrième trait distinctif de la psychologie scientifique est de procéder progressivement à l'exploration de l'inconnu. La psychologie du sens commun s'arroge le droit de parler de n'importe quoi, suppléant aux carences de son information par des suppositions, portant des jugements sur tous les problèmes qui se posent à elle, sans s'inquiéter des moyens dont elle dispose pour les examiner valablement. Une science ne procède pas ainsi: elle va pas à pas, sériant les questions, en commençant par les plus simples pour n'attaquer que peu à peu les plus difficiles. C'est pourquoi à ses débuts, une science paraît toujours s'occuper de choses banales et enfantines, par ailleurs très limitées. Ce qu'elle ne peut saisir, elle le tient en suspens, et ne hasarde à son sujet que des hypothèses, propres à stimuler les recherches, non à figer les idées. La psychologie, compte tenu de son âge et de l'énormité des problèmes qui se posent à elle, est une science encore dans la toute petite enfance, dont il ne faut pas attendre actuellement qu'elle nous propose une vue générale, cohérente et claire de ses découvertes. Il n'est pas honnête de parler des « merveilleuses victoires de la psychologie » : les « premiers balbutiements » conviendraient mieux.

Il faut bien reconnaître que la psychologie éprouve elle-même bien des difficultés à se cantonner dans les problèmes qu'elle maîtrise à peu près. Son impatience est, non pas excusable, mais compréhensible, et vient précisément de ce que la réflexion séculaire de l'homme sur lui-même a posé déjà une foule de problèmes. Il est irritant de n'en rien dire sous prétexte que l'on n'est pas encore armé pour les résoudre scientifiquement. Une telle situation n'existerait pas si un problème découlait toujours de la solution fournie au problème précédent. Pour certaines sciences, plus privilégiées à cet égard que la psychologie, les choses se passent un peu de la sorte. Ainsi, à l'époque où ils se préoccupaient de la loi de la chute des corps, les physiciens n'avaient pas l'esprit sans cesse agacé par la structure de l'atome. Les premiers psychologues qui abordèrent les lois élémentaires de la sensation avaient déjà à l'esprit le problème de la conscience ; il n'est pas si facile de le refouler par méthode, surtout lorsque les profanes et les philosophes nous harcèlent de leurs rappels. Sans doute n'est-il pas de science où les théories soient si nombreuses et si contradictoires, ni si fragiles, et, ce qui est plus grave, si éloignées dans leur esprit de l'hypothèse à vérifier. Nous en reparlerons ailleurs.

Mais il est une autre raison à la légèreté avec laquelle les psychologues dépassent les certitudes scientifiques et assimilent à la science les spéculations les moins démontrées. Et cette raison, plus encore que la confusion entre psychologie du sens commun et psychologie scientifique, continue à maintenir dans l'esprit du public une image faussée de ce que sont les sciences du comportement. Nous abordons les problèmes que soulève la psychologie appliquée. On va le voir, ils sont nombreux et difficiles.

2. ECUEILS DE LA PSYCHOLOGIE APPLIQUEE

La science est un fruit de la curiosité des hommes. Elle n'est pas dans son essence utilitaire. Il arrive généralement, pourtant, qu'elle débouche tôt ou tard sur des applications, et même qu'elle se trouve stimulée par les problèmes concrets qui se posent dans la vie pratique. Les applications revêtiront un caractère scientifiquement solide si les problèmes auxquels elles s'attaquent ne présentent pas trop d'écart par rapport aux problèmes maîtrisés par la recherche pure. Et ici, les sciences peuvent, *grosso modo*, se grouper en deux catégories. Dans la première, figureront les sciences dont les applications suivent les découvertes fondamentales selon un enchaînement pour ainsi dire naturel, telles la physique ou la chimie, et d'une manière générale les sciences techniques. On ne risque pas la production industrielle d'une substance si le chimiste de laboratoire ne fournit pas les règles de sa synthèse. On n'envoie pas un homme dans l'espace si l'on n'a pas résolu le problème des communications à une telle distance, etc... Dans la seconde catégorie, se rangeront les sciences qui visent en quelque sorte à donner un statut scientifique à des domaines d'application qui existaient avant elles et qui existent, jusqu'à un certain point du moins, en dehors de leurs progrès.

On songe immédiatement au cas des sciences médicales. Elles s'appuient de plus en plus sur une série de sciences biologiques fondamentales, mais ni les maladies, ni les malades n'attendent qu'elles aient dit leur dernier mot pour se manifester au praticien. Aux origines de la médecine scientifique, la part de la science était des plus ténues à côté de celle de l'empirisme. La structure actuelle de la psychologie ressemble fort à celle de la médecine à cette époque. Les problèmes pratiques qui lui sont soumis dépassent de très loin son savoir. De toutes parts et trop tôt, on l'a sollicitée. Les psychologues auraient pu refuser l'intervention ; ils ont pensé qu'ils n'en avaient pas le droit ou ils n'en ont pas eu la modestie. Dans certains cas et à juste titre, ils ont estimé que leur science ne progresserait qu'au contact de l'application. La psychologie est malheureusement victime de son engagement dans l'action. Si, comme nous le disions plus haut, le profane se croit bon juge en matière de psychologie, il se tient pour expert en matière de psychologie appliquée, et il trouve en ce domaine des occasions plus nombreuses encore d'entretenir ses illusions. En effet, en psychologie appliquée, le spécialiste ne peut se permettre, comme en psychologie théorique, de laisser en suspens les problèmes dont il ne tient pas la solution avec une certitude scientifique. Il se doit d'agir. L'industriel qui veut embaucher des employés, les parents qui perdent le contrôle éducatif de leurs enfants, les maîtres d'école qui doivent décider les méthodes pédagogiques à utiliser, le psychiatre qui doit proposer une thérapeutique, le magistrat qui doit statuer sur une responsabilité ou sur une invalidité d'ordre psychologique ne peuvent naturellement attendre que les moyens scientifiques des psychologues aient atteint une perfection, dont ils sont à vrai dire encore très éloignés.

Un tel état de choses est assez courant dans les affaires humaines. Il n'y aurait pas lieu de s'en inquiéter s'il ne se compliquait, de la part des utilisateurs de la psychologie appliquée, d'une prétention d'en savoir autant que le psychologue. Les propositions du spécialiste se trouvent ainsi souvent discutées, sans que soit fait le partage — et c'est ceci qui est grave — entre ce qu'elles contiennent d'empirique et d'approximatif. Le jugement qui sera porté sur l'intervention pratique d'un psychologue tiendra peu compte, en fait, des éléments scientifiques. Le détermineront avant tout des attitudes affectives, des intérêts, des valeurs. Prenons l'exemple le plus banal des parents qui consultent le psychologue pour des difficultés éducatives, scolaires ou familiales, de leur enfant. Si l'avis du psychologue rencontre ce qu'ils attendaient, les flatte en confirmant leur propre interprétation de la situation, paraît favorable à l'accomplissement de leurs desseins concients ou inconscients, ils feront au clinicien la meilleure réputation, le recommanderont à leurs amis et éventuellement, suivront ses conseils. Qu'au contraire, le psychologue ne réponde pas à ce qu'ils espéraient, heurte leurs sentiments, leur amour-propre, leur orgueil, ils démontreront son incompétence, dénonceront sa maladresse, ridiculiseront ses moindres errements. Certes les psychologues peuvent se tromper, et il se trouve parmi eux des sots qui se trompent toujours, mais nous imaginons le cas d'un psychologue qui connaît son métier, parce qu'il avait toutes les qualités voulues pour l'apprendre. Il fonde au maximum ses avis sur des connaissances scientifiquement éprouvées, et tente, pour le reste, de tirer le parti le plus raisonnable de son expérience de praticien. Celui qui reçoit ses avis n'est pas formé pour y faire la part des choses, et il serait trop compliqué de l'informer ; on ne peut remplacer une consultation de psychologue par un cours de psychologie. Cette difficulté pourrait être aisément tournée si le psychologue formulait son intervention en un jargon technique incompréhensible à son client. Malheureusement il ne le peut pas ; ce serait la négation même de son rôle. Nous touchons ici un point sur lequel, encore une fois, le psychologue se distingue de la plupart des autres spécialistes, et non pour sa facilité. Le médecin, lorqu'il pose son diagnostic et prescrit un médicament — et dans la mesure où il ne joue pas le rôle d'un psychologue qui lui échoit souvent par la nature même de sa profession — peut traduire l'essentiel de ses avis en termes qui dépassent l'entendement de son patient ; il suffit que le malade sache quand il doit prendre sa potion et à quelle dose ; peu importe qu'il sache ce qu'elle contient, ni par quel biais elle attaque son mal ; il vaut même souvent mieux qu'il l'ignore, et c'est pourquoi on apprécie d'un bon médecin et d'un bon pharmacien qu'ils aient, à côté de mille autres qualités, une écriture illisible. Le psychologue au contraire doit se faire comprendre et, qui plus est, faire accepter ce qu'il dit. Il est forcé de s'exprimer dans un langage quotidien, de *vulgariser* en quelque sorte ses conseils, qui n'ont naturellement aucun sens s'ils ne peuvent se traduire concrètement dans l'existence de ceux qui les reçoivent. Et ainsi, ce qui se formule dans son esprit selon les concepts rigoureux et systématiques de sa science, dans l'entretien avec l'utilisateur se banalise par la force des choses. Mais ce souci de mettre ses conclusions à la portée des gens qui devront les vivre encourage ceux-ci à prendre ce que bon leur semble de paroles qui leur paraissent toutes simples. On voit dans quel cercle vicieux on s'engage ; presque toute l'action du psychologue passe par le langage ; c'est à travers le langage qu'il tente, par exemple, de modifer les attitudes éducatives les parents qui consultent ; il lui faudra mettre son langage à leur portée, à la portée de leur intelligence, mais, par le fait même, de leur opposition. Il n'est qu'un moyen de sortir de là ; c'est d'accepter qu'une intervention psychologique vise non moins à faire accepter un avis qu'à le formuler. Les psychologues en sont ainsi venus à s'interroger sur les procédés à mettre en œuvre pour que leur examen, aussi scientifique que possible, d'un problème psychologique soit effectivement suivi de conséquences pratiques. De tels procédés n'étant pas toujours faciles à définir, la formation d'un psychologue praticien bénéficiera toujours d'un contact avec un maître expérimenté, véritable modèle à imiter sans qu'il soit toujours possible de décrire le détail de ses gestes et les raisons de son efficacité. A ce titre, la psychologie appliquée demeure assurément un art, dans lequel la réussite n'est pas encore réductible à un enchaînement de manœuvres scientifiquement justifiées d'un bout à l'autre.

3. TEMPS ET COMPORTEMENT: UNE CONTRAINTE MAJEURE

Que le psychologue se sente tenu de s'exprimer dans un langage de tous les jours n'est pas la seule raison qui incite à discuter, à rejeter ou à ignorer ses avis. Il en est une autre, non moins essentielle peut-être, non moins inhérente au type du problème qu'il est amené à traiter. Ses conseils, généralement, ne présentent dans la conscience de celui qui les sollicite ni urgence, ni contrainte. En ne s'y conformant point, il n'encourt pas de conséquences immédiates. En effet, les problèmes psychologiques — et quand nous disons problèmes, nous pensons d'abord à tous les problèmes *normaux,* — se déroulent presque toujours dans une dimension temporelle qui exclut tout sentiment de crise aiguë. Rien ne s'y fait, rien ne s'y défait que lentement; le présent n'y détermine le futur qu'à long terme. Si je renonce à suivre l'avis d'un psychologue sur la réorganisation de mon entreprise, aucune catastrophe ne s'ensuivra à brève échéance; s'il en survenait une plus tard, l'occasion, tout accidentelle peut-être, passera pour la cause, et l'on oubliera qu'elle eût pu être évitée si bien auparavant la politique humaine avait été remaniée. C'est à dessein que nous prenons un exemple en psychologie industrielle. En effet, l'application psychologique s'y trouve fréquemment en compétition avec la rentabilité matérielle à court terme, et cet état de choses constitue une image assez fidèle de ce qui se passe dans d'autres domaines, totalement étrangers aux affaires, mais imprégnés comme l'ensemble de notre culture d'une même obsession de l'intérêt rapide. On ne songe pas à investir ses fonds pour un rendement à palper dans vingt ou trente ans; comment songerait-on à prévenir des difficultés que les psychologues nous prophétisent pour la génération suivante? Des parents, que le psychologue scolaire avertit d'une difficulté encore aisée à résoudre, refusent de s'émouvoir. Les conséquences leurs sont indifférentes: elles sont pour plus tard. Des industriels, mis en garde par l'expert contre les risques que leur fait encourir un défaut de communication à l'intérieur de leur entreprise, préfèrent les investissements matériels qui augmenteront la productivité de façon spectaculaire à une réforme coûteuse aux effets lointains. Cette attitude si générale dans notre civilisation ne constitue pas seulement un handicap à l'exercice des sciences humaines appliquées. Elle traduit une orientation fondamentale de l'esprit qui pourrait bien mettre en péril la continuité même de la culture. Plus se perd le souci de penser à longue échéance, et de doter nos créations d'un caractère durable, plus se dégraderont les formes d'art, les structures familiales, les principes d'éducation.

Un exemple fort éclairant, à un niveau plus large, nous est fourni par l'histoire des pays dits aujourd'hui en développement, et du sort qu'on y fit aux sciences humaines. L'émancipation du colonialisme s'est réalisée dans des formes qui eussent pu, de l'avis unanime des parties en cause, être plus douces. Tout n'était pas prévisible dans ces bouleversements, mais certaines choses l'étaient. Elles l'étaient si bien que divers spécialistes les avaient lucidement prédites. Depuis longtemps, les anthropologistes culturels — spécialement ceux de l'école anglo-saxonne — avaient examiné les difficultés liées aux contacts de civilisations, et indiqué les voies d'une véritable prophy-laxie sociale. Que l'on relise les pages qu'écrivait en 1945 l'illustre anthropologiste britannique B. Malinowski [1] sur l'évolution de l'Afrique coloniale : il en avait admirable-ment discerné les lignes directrices et son analyse eût bien utilement inspiré les politiques. Ce ne fut, hélas, pas le cas ; ceux-ci préférèrent poursuivre leur œuvre selon la voie tracée. L'édifice était si fragile qu'il n'a pas résisté aux infiltrations venues de l'extérieur ; en quelques mois, il a été entièrement sapé. En aurait-il été autrement si l'alarme donnée par les anthropologistes avait eu quelque écho il y a 20 ou 30 ans ? Nul ne pourra le dire, et nous n'avons pas la naïveté de penser que cela eût suffi à changer la face du monde. Pourtant, nous refusons d'admettre que l'analyse des facteurs humains — partout et toujours les plus décisifs — ne soit pas prise en consi-dération, au risque de sacrifier des générations et des populations entières. Mais prendre ces facteurs humains en considération, c'est se pencher dans le présent sur des problèmes qui requièrent une certaine patience et reporter dans un avenir auquel nous ne participerons peut-être plus les résultats de nos efforts. Répétons-le, cette manière d'approcher la réalité nous est devenue presque totalement étrangère. Nous voulons que tout se fasse vite et rapporte vite. Nous oublions que les organismes et les sociétés vivent dans le temps biologique. On

---

[1] B. Malinowski, *The Dynamics of Culture Change. An Inquiry into Race Relations in Africa,* New-Haven, Yale University Press, 1945.

n'insistera jamais assez sur l'importance de cette dimension.

Il m'arrive souvent, pour éprouver le véritable intérêt
d'un étudiant pour la recherche psychologique, de lui
confier dès son entrée au laboratoire le dressage d'un animal d'expérience, dont il doit obtenir une réponse conditionnée bien définie. Ce travail, fort simple en apparence,
peut, selon l'espèce, le sujet, le type de réponse exigée,
la réaction émotionnelle suscitée par la situation expérimentale, prendre quelques minutes, quelques heures ou
plusieurs semaines de séances quotidiennes. Si l'étudiant
fait ses preuves, il lui reste alors l'occasion de méditer
sur le rôle du temps dans l'établissement des comportements, et de songer que nos actions et nos pensées résul-
tent, entre autres, d'une accumulation de milliers de
conditionnements plus complexes que celui-là. Des
réflexions semblables surgiront utilement lorsqu'il s'agira
d'effacer du répertoire de réponses de l'animal la réaction
préalablement conditionnée à grand-peine ; elle se révé-
lera peut-être étonnamment tenace et comme indéracina-
ble, image simplifiée des ensembles de conduites que
s'acharnent à réduire tous ceux qui *rééduquent* ou *traitent*
psychologiquement. Si un rat qui a pris, si l'on ose dire,
une mauvaise habitude met si longtemps à s'en débarrasser, malgré toute l'assistance qu'on lui apporte, combien
de temps faudra-t-il pour défaire toute l'histoire d'un
individu qui en aura fait un délinquant, pour défaire une
éducation qui aura abouti à une névrose ou même, tout
simplement, pour réparer les dégâts d'un mauvais départ
dans l'apprentissage de la lecture ou des mathématiques ?

On dira au psychologue : mais ne vous sert-il de rien

de connaître le mécanisme par lequel les comportements se font et se défont? C'est là un des malentendus les plus grossiers, et les plus répandus à propos de la psychologie appliquée. Il ne suffit naturellement pas de connaître le mécanisme biochimique de l'affaiblissement de l'organisme dans une maladie et de la reconstitution de ses forces au cours de la convalescence pour remettre en un jour un grand malade sur pied. Il y faut du temps, et chacun l'accepte. Il n'en va pas autrement pour le psychisme. La compréhension des mécanismes en jeu, dans le chef du spécialiste, l'aide à guider le processus ; elle ne lui permet pas de le hâter, du moins pas au-delà de certaines limites.

C'est un grand sujet de discussion, dans la pscychologie contemporaine, de savoir à quel rythme peuvent être poussés certains changements. Le problème se pose à tous les niveaux, et dans tous les domaines : à quel rythme une société peut-elle se transformer au contact d'une autre, sans qu'il en résulte un déséquilibre profond? Peut-on accélérer une psychothérapie, et traiter telle névrose dans des délais plus brefs qu'une psychanalyse classique? Quel est le temps minimum nécessaire à la formation à tel poste professionnel? etc...

Toujours s'opposent dans ce débat deux grandes conceptions ; la première accentue la remarquable plasticité du cerveau humain, source des adaptations les plus inattendues ; au spectacle des performances passées, et surtout actuelles, pourquoi ne pas imaginer que ces adaptations soient virtuellement illimitées, et y inclure la possibilité d'accélérer tous les processus psychologiques? Nul doute qu'à côté de quelques arguments scientifiques, cette première conception participe d'une certaine vue sur l'homme qui caractérise notre époque — et qu'à ce titre elle relève plus d'une éthique historiquement déterminée que de démonstrations scientifiquement établies. La seconde conception témoigne d'une moins grande foi dans les révolutions à venir mais s'appuie sur de nombreuses données tant expérimentales que cliniques ; elle considère les caractéristiques psychologiques de l'espèce humaine, y compris sa plasticité, comme étroitement liées à des structures biologiques qui constituent des contraintes autant que des potentialités. Dans cette perspective, les adaptations de l'organisme humain n'apparaissent pas plus illimitées sur le plan psychologique que sur le plan physique. Sur le premier comme sur le second de ces plans, l'homme peut entreprendre d'aménager le milieu pour y survivre mais jamais il ne peut faire fi des exigences de la biologie. Il peut emmener de l'oxygène avec lui dans son satellite, mais non faire fi de la respiration. Parallèlement, il peut concevoir la théorie de la relativité mais quand il s'agit de la transmettre aux autres, il ne peut échapper aux étapes du développement intellectuel qui précéderont toujours la compréhension de constructions aussi abstraites que la physique théorique.

Nous trouvons un exemple d'affrontement entre ces deux conceptions dans les théories du développement en psychologie génétique. Il nous servira d'illustration, parce que les grands principes auxquels se ramène l'opposition y sont assez faciles à saisir et que l'on verra ainsi aisément l'importance de ces considérations théoriques dans des options aussi pratiques que l'orientation de nos systèmes d'éducation et d'instruction. Le plus simple, pour le besoin de l'argument, est de nous en tenir au terrain arbitrairement circonscrit du développement intellectuel et de résumer ce qu'en pensent deux psychologues de grande réputation : Bruner et Piaget.

Le premier, un Américain, fait la plus grande confiance aux possibilités d'adaptation de l'être humain : celui-ci manifeste ses ressources si le milieu l'exige, et l'y assiste ; le tout est d'organiser le milieu en vue d'exploiter au mieux la plasticité de l'organisme. Le développement intellectuel de l'enfant dépendra donc, dans sa rapidité notamment, des interventions plus ou moins efficaces de l'environnement.

Pour Piaget, le grand psychologue genevois, le développement intellectuel de l'enfant obéit à des lois qu'on ne saurait mieux comparer qu'à celles qui président au développement de l'embryon. L'organisme en croissance traverse une série de stades, qui se succèdent dans un certain ordre parce que chacun d'entre eux est la condition de ceux qui le suivent ; l'analyse de ces stades montre qu'ils correspondent à des structures bien caractérisées, contenant les germes des différentiations ultérieures ; celles-ci n'apparaissent cependant qu'en leur temps — comme des stades nouveaux — à la faveur d'une interaction entre l'organisme et le milieu extérieur, à quoi s'ajoute éventuellement une maturation interne. L'action du milieu interviendra, certes, pour ralentir ou accélérer dans certaines limites les processus du développement ou pour enrichir les contenus de l'activité intellectuelle, mais elle ne pourra en aucun cas renverser l'ordre séquentiel dans lequel les stades apparaissent, supprimer l'un d'entre eux ni assurer leur enchaînement si n'a pu prendre place, pour passer de l'un à l'autre, l'activité structurante du sujet.

La position de Piaget, que nous présentons ici aussi schématiquement qu'il peut se concevoir, mais que l'on trouvera largement étayée à travers son œuvre monumentale, n'est pas à l'abri de toute critique. Dans ses grandes lignes, cependant, elle nous paraît dominée par quelques idées directrices d'une incontestable solidité : le développement psychologique y est vu dans une perspective biologique, comme le prolongement du développement organique. Il n'est, finalement, rien d'autre que l'expression du développement du système nerveux, expression qui dépasse bien sûr largement le cadre spatio-temporel de ce dernier puisqu'elle aboutit, dans la communication symbolique la plus élaborée, à des comportements qui subsistent pour ainsi dire avec une efficacité parfois accrue indépendamment de l'individu qui en fut l'origine.

Le niveau du comportement, ou, plus correctement, *les* niveaux du comportement, introduisent des organisations fonctionnelles originales, certes, mais n'en sont pas moins régis par des lois à maints égards analogues à celles qui gouvernent les niveaux sous-jacents du physiologique ou du biochimique. Et l'une de ces lois, fondamentale, veut que l'être vivant, dès ses aspects les plus élémentaires, ne se contente pas de subir le milieu, mais s'y ajuste en fonction de ses structures propres, et l'intègre, dans toute la mesure du possible, à ces structures, ou, pour reprendre les termes clefs de Piaget, s'y accommode et l'assimile tout à la fois. Si cette conception, — conception de biologiste, répétons-le — demeure valable au niveau du comportement, comme le soutient l'auteur genevois, l'aménagement du milieu ne peut en aucun cas suffire à décider du développement psychologique de l'individu, pas plus qu'il ne saurait donner un cours différent au développement embryologique, sauf à créer d'inacceptables curiosités, ou monstruosités, aux chances de survie fort incertaines.

Voilà deux points de vue qui s'opposent, l'un qui fait du temps une dimension inévitable des problèmes psychologiques, l'autre qui l'ignore. Le premier, passant aux applications, invitera au respect des rythmes naturels du développement ; l'autre niera ces rythmes, et estimera que l'organisme s'alignera de gré ou de force aux exigences qui lui sont faites. Qu'il nous suffise de laisser le lecteur méditer ce problème. Peut-être taxera-t-il la première conception de conservatrice, la seconde de progressiste. Mais, plus profondément qu'une opposition de tempérament, qu'il se demande s'il ne s'agit pas d'une opposition entre une position scientifiquement fondée sur l'observation des propriétés les plus générales de la vie, et d'une position culturellement déterminée par une certaine orientation de notre époque, et au sujet de laquelle l'évolution n'a pas dit son dernier mot.

Le malheur veut que les psychologues aux prises avec des problèmes pratiques traitent avec des gens qui, pour la plupart, participent de cette orientation. Comment réintroduire chez eux l'idée qu'il faut compter avec le temps ?

4. LA PROLIFERATION DES PSYCHOLOGUES:
PROGRES OU SUJET D'INQUIETUDE?

Arrivés à ce point de nos réflexions, on se demandera comment il se fait que, en butte à de si graves malentendus de la part de la société qui les entoure et les exploite, les psychologues aient pu voir le jour, croître et se multiplier, à un point dont on prendra sans peine conscience à l'examen des statistiques d'inscription dans les facultés.

Certains diront : si une profession se développe, c'est qu'elle correspond à un besoin. Les psychologues sont apparus par une sorte de nécessité historique. C'est un peu la thèse que soutient Ph. Muller dans son ouvrage suggestif sur la psychologie dans le monde moderne [1]. Notre civilisation s'est peu à peu acheminée vers la préoccupation centrale de l'individu, jadis ignoré dans le réseau d'une société traditionnelle, — et une science de l'individu ne pouvait manquer de se fonder. Il y a là une part de vérité. Mais les choses sont sans doute plus compliquées.

Pour ne pas embrouiller les remarques qui vont suivre — dont quelques-unes agaceront peut-être les psychologues exagérément imbus de leur rôle, — il nous faut à nouveau distinguer entre la psychologie en tant que science fondamentale et ses applications. La première nourrit un nombre croissant, mais relativement modeste de chercheurs et de professeurs qui se chargent d'étendre et de transmettre le savoir dans leur discipline sans autre

---

[1] *La Psychologie dans le monde moderne,* Bruxelles, Dessart, 1963.

type de contact avec le public. Les applications des plus variées donnent lieu à une prolifération de spécialistes, dont le public considère les services comme utiles puisqu'il les paie. S'il existe un va-et-vient constant entre science fondamentale et application, elles se distinguent du point de vue de leur fonction dans la culture et des attitudes de la société à leur endroit.

Nous ne nous attarderons pas sur le mouvement par lequel la science en est venue à s'attaquer au niveau psychologique. Ce mouvement obéissait à sa propre logique. Nous avons montré plus haut que les sciences du vivant ne pouvaient échapper à cette exigence. Si les origines de la psychologie scientifique se trouvent confondues avec le développement général des sciences modernes, il importe de souligner les conséquences, sur la conception que notre culture se fait de l'homme, de cette intrusion de la science dans un domaine jadis réservé à la seule réflexion philosophique. Elle vient en effet ébranler des notions à l'aide desquelles l'homme occidental s'était durant des siècles forgé sa propre image. Si l'on peut prétendre à rechercher partout des relations causales dans le comportement humain, que restera-t-il de la liberté de l'être? Si nos conduites correspondent toujours à des stimulations extérieures ou intérieures, qu'advient-il de la volonté? Si des forces nous dirigent à notre insu, quelle confiance accorder encore à la conscience? Liberté, volonté, conscience, voilà trois choses, parmi d'autres, dont l'homme moderne s'est pris à douter, par la faute, ou par la grâce de la psychologie scientifique. Le doute conduit à la sagesse, mais il peut aussi précipiter dans un enchaînement de réactions qui perturbent les structures d'une société au point de les mettre en péril. Nous verrons dans un instant comment la psychologie appliquée est appelée à soigner des maux dont elle est, pour une certaine part, responsable.

Tournons-nous vers les applications de la psychologie. Certaines d'entre elles sont anodines et méritent tout juste mention ici, car elles relèvent du développement technologique en général. Ainsi, la détermination du niveau de bruit acceptable pour un réfrigérateur d'appartement, ou de la couleur la plus perceptible pour les signaux lumineux des ambulances, implique la psychologie au même titre que la mécanique ou l'électricité appliquée.

D'autres visent à contrôler des processus d'importance économique, telles l'embauche, la promotion du personnel, l'orientation des consommateurs, l'adaptation de la machine à l'homme, ou inversement, etc...Ce que la psychologie a à offrir ici, ce sont des procédés éventuellement plus efficaces que l'empirisme, parce que fondés sur des analyses scientifiques. Disons en passant que ce secteur de la psychologie apparaît difficilement comme le fruit d'une préoccupation croissante de notre société pour l'individu — le souci de l'individu ne s'est introduit que récemment dans la sélection du personnel par exemple. Il s'agit là, au contraire, de développements étroitement liés à l'industrialisation, avec son corollaire de travail de masse, dans lequel les procédures traditionnelles de l'artisanat pour résoudre, à son niveau propre, des problèmes analogues, cessent d'être praticables. Dans l'esprit du psychologue spécialisé dans ce genre de question, la psychologie peut apporter d'utiles contributions, — elle l'a d'ailleurs prouvé — mais coïncident-elles, ces contributions, avec ce que l'utilisateur attend? Nous reviendrons plus loin sur ce point.

Un autre groupe d'applications vise à comprendre des difficultés psychologiques diverses, et à les résoudre par des interventions appropriées. Parmi ces difficultés, il en est qui se situent dans le domaine traditionnel de la médecine [1] — troubles du comportement consécutifs à des déficits organiques connus, ou entraînant des complications somatiques, ou présentant par eux-mêmes des caractères franchement pathologiques, ou encore passibles de traitement médicamenteux. Il en est d'autres à propos desquels l'étiquette *pathologique* serait incontestablement exagérée et qui relèvent plutôt de vices éducatifs ou de relations insatisfaisantes entre individus: ainsi en va-t-il de nombreuses difficultés scolaires ou familiales, de tensions entre membres d'un groupe (dans une entreprise par exemple), etc... Répartis entre ces deux grands secteurs, dont la frontière est d'ailleurs difficile à tracer, comme nous le verrons dans la troisième partie de cet ouvrage, nous trouvons une variété de psychologues dans des fonctions dont la liste suivante ne fournit que des échantillons: auxiliaire du neurologue, auxiliaire du psychiatre, psychanalyste, psycho-thérapeute (thérapies non directives, thérapies par le jeu, par la relaxation, par le conditionnement, etc...), spécialistes des handicapés mentaux, de la rééducation motrice, de la rééducation du

---

[1] Nous traiterons plus loin (ch. III) des rapports entre psychologie et médecine.

langage, psychologues conseillers scolaires, psychologues conseillers dans les entreprises, conseiller matrimonial, etc...

On peut se demander, devant la multiplicité de ces rôles, correspondant à des difficultés psychologiques non moins impressionnantes par leur nombre et leur diversité, comment l'humanité a pu survivre si longtemps sans psychologues. L'esprit positiviste observera que beaucoup des difficultés psychologiques ont toujours accablé l'humanité, mais qu'il fallait, pour s'en occuper sérieusement, qu'une science se soit constituée qui sous-tende les applications. L'esprit charitable remarquera que le psychologue s'attaque ici à mille malheurs qui laissaient jadis indifférents ou résignés, et que sa présence traduit un évident progrès du sens humanitaire. L'historien attirera l'attention sur la nouveauté de certaines difficultés psychologiques, nées des transformations de la société. L'esprit malicieux insinuera que les psychologues, comme beaucoup d'autres parasites, se nourrissent des problèmes qu'ils créent et entretiennent, et que, de toute évidence, les problèmes psychologiques n'ont jamais été aussi nombreux que depuis que les psychologues existent. Tous quatre nous semblent avoir raison.

Il ne suffit pas d'observer les difficultés d'un névrosé pour intervenir; il faut avoir quelque idée sur la névrose, un modèle explicatif auquel se raccrocher. Il ne suffit pas de constater que l'aphasique ne parle pas comme nous, il faut avoir une idée sur le langage, sur la fonction verbale et la nature de ses détériorations. Il ne suffit pas de soupçonner un trouble de l'intelligence, ni de noter un trouble psychomoteur; il faut avoir des notions sur ce qu'est l'intelligence, comment elle s'élabore, comment la mesurer; il faut disposer à tout le moins d'hypothèses sur les mécanismes psycho-physiologiques de la motricité. Tout exemple pourrait servir. Une application est impossible aussi longtemps que la curiosité scientifique n'a pas scruté le problème. Cette curiosité scientifique n'a pu s'éveiller, nous l'avons vu, à propos des questions psychologiques, qu'à un stade de l'évolution des sciences où elles se sont imposées au regard des savants.

Mais la logique de l'évolution des sciences n'est sans doute pas le facteur exclusif qui détermine la curiosité pour tel problème à tel moment. Il en est beaucoup d'autres, comme le hasard, ou la mode, ou la nécessité, sans oublier le génie. Les mœurs du temps jouent aussi un rôle. Pendant longtemps, et dans beaucoup de contrées, la plupart des maladies mentales ne suscitèrent pas la pitié qu'elles inspirent aujourd'hui. Elles n'éveillaient, selon les cas, que peur, ou dégoût, ou exaltation religieuse. Notre époque, riche en horreurs, a aussi quelques mérites, et il faut se féliciter de l'attention apportée aujourd'hui aux difficultés psychologiques.

L'historien n'a pas tort de nous rappeler que beaucoup, parmi les infortunés que secourent les psychologues, n'existaient pas il y a un ou deux siècles. S'il y eut toujours des enfants muets par le malheur de la naissance, il n'y eut pas toujours des retardés scolaires entraînés dans l'engrenage des complications affectives, car les hommes ne se sont que tout récemment avisés de pratiquer la justice distributive sous la forme d'une instruction identique imposée au même instant à tous les jeunes cerveaux marqués du même millésime. Il y eut toujours des êtres malheureux, mais il est de bonnes raisons de croire que ces formes particulières de malheurs rassemblées sous le nom de *névroses* se sont multipliées à la faveur des conditions d'existence liées à la vie moderne depuis l'industrialisation. La délinquance est étroitement liée aux particularités de l'environnement culturel, et les cités gigantesques, notamment, en favorisent l'éclosion, multipliant ainsi les problèmes devant lesquels quelques psychologues ne seront pas de trop.

L'historien trouverait encore des arguments sur un autre terrain. En analysant les fonctions que remplissent les psychologues, on ne peut s'empêcher de soupçonner des analogies entre certaines d'entre elles et celles que se réservaient jadis des catégories sociales plus influentes ou plus répandues qu'aujourd'hui, et notamment les prêtres de toutes religions. Gardiens traditionnels de la morale et de la foi, ils étaient naturellement consultés, par toute une série de fidèles souffrant de difficultés psychologiques, pour lesquelles on s'adresse aujourd'hui plus volontiers au psychologue. Les résultats sont-ils meilleurs ou pires, nul n'oserait l'affirmer, les prêtres ayant négligé de tenir des statistiques de réussites de leurs interventions — ce que les psychologues appellent les problèmes de validation étant à leurs yeux l'affaire du ciel. La laïcisation de notre société a donc amené un transfert de rôle des religieux aux scientifiques. C'est Levy-Strauss qui, voyant les choses de beaucoup plus haut, soulignait l'analogie entre le rôle du sorcier shaman et celui du psychanalyste. Notons au passage que ce dernier ne tient généralement, lui non plus, aucune statistique de ses réussites. Cette évolution, favorable aux débouchés des psychologues, a d'ailleurs entraîné un curieux choc en retour. Beaucoup de prêtres en sont venus depuis quelques années à se passionner pour la psychologie. Ne serait-ce pas une manière de regagner la puissance perdue? On n'en finirait pas d'épiloguer à ce sujet. Mon excellent collègue, le philosophe moraliste De Corte, — avec qui je ne me sens que rarement, je l'avoue, en communauté d'idée, — a écrit là-dessus des choses fort pertinentes[1].

Reste à expliciter l'opinion de l'esprit malicieux dont la science n'a pu établir avec certitude, signalons-le en passant, s'il est en corrélation avec l'équilibre psychologique ou avec d'irréductibles résistances névrotiques. Il en·va des psychologues comme des frigidaires ou des télévisions : l'habitude prise, on ne peut plus s'en passer; il semble qu'il répondent à un besoin, mais on oublie qu'ils l'ont parfois créé eux-mêmes.

Il y a trois manières d'engendrer sa clientèle, qui se rencontrent déjà depuis fort longtemps dans la médecine. Celle-ci ayant acquis la maturité ne peut s'offusquer qu'on les évoque. Une première manière est le charlatanisme : il consiste, en exploitant la réalité des maladies, à persuader les gens qu'ils sont tous et toujours malades, — on y arrive fort bien par des procédés que l'on trouvera rassemblés chez le docteur Knock et les médecins de Molière. Une seconde manière consiste à accueillir de

[1] Marcel De Corte, Progressisme et Volonté de Puissance, *Itinéraires,* 1967, 110, 55-129.

vrais malades mais si bénins qu'ils pourraient se passer sans péril des secours de la Faculté; on habituera ainsi les gens, au besoin en dramatisant un peu leurs symptômes anodins, à consulter pour le moindre rhume, et à quêter le médicament pour le moindre mal de tête. Une troisième manière, exempte d'intention celle-ci, consiste à fabriquer de nouvelles maladies non point imaginaires mais réelles, en en soignant d'autres. La médecine moderne a pris conscience de ce problème, et se montre à présent décidée à l'attaquer de front. Elle étudie avec attention les multiples troubles découlant des thérapeutiques — les cas les plus évidents étant naturellement ceux des maladies provoquées par les médicaments.

La première manière est affaire de déontologie. Dans la seconde, le praticien, tout honnête qu'il soit, perd très vite le contrôle de la situation; c'est la mentalité des malades, avant tout, qui se trouve atteinte: ils en arrivent à ne juger un médecin bon que s'il leur prescrit les pilules attendues. La troisième manière est la plus inquiétante, parce qu'elle est dans la logique même du système; les bonnes volontés réunies du public et du médecin n'y changeront rien. Si, en soignant une maladie, on en fait surgir une autre, l'avenir de la médecine est assuré...

Les choses ne se passent pas autrement en psychologie appliquée. Le charlatanisme, comme en médecine, y fait aisément son nid. La jeunesse de la psychologie (à beaucoup d'égards encore au stade de la médecine de Molière), l'absence de contrôle de la profession dans beaucoup de pays, la variabilité dans la formation, sont autant de facteurs dont tirent parti les gens sans scrupules. Les moyens d'en venir à bout sont clairs : une sélection ferme, une formation exigeante, une expansion des bases scientifiques des applications par des secours adéquats à la recherche. Quelques-uns de ces thèmes nous occuperont dans la quatrième partie. Le charlatanisme personnel finira par être vaincu. Mais il est aussi un charlatanisme collectif, dans lequel ne sont pas en cause les psychologues praticiens, mais des hommes d'affaires faisant flèche de tout bois, et diffusant par les moyens du livre, du film, du journal, de la radio et de la télévision, des notions de psychologie simplistes ou franchement erronées qui transforment insidieusement le lecteur ou l'auditeur en gibier de psychologues, tout comme une certaine publicité pharmaceutique nous persuade à notre insu de faire confiance à tel produit pour échapper à nos soucis. Cette vulgarisation — au sens *vulgaire* du terme — propage essentiellement deux idées fausses. L'une que la psychologie est beaucoup plus avancée qu'elle ne l'est en réalité, ce qui amène les gens à se tourner vers elle avec un espoir impossible à remplir. L'autre que nous sommes tous malheureux parce que nous souffrons de problèmes psychologiques, et que les psychologues détiennent le secret de notre bonheur.

L'accueil de clients présentant des problèmes anodins est le cas le plus fréquent d'abus de la psychologie. Il découle en fait d'une complicité entre le psychologue qui accepte de s'intéresser au cas qui vient vers lui et le cas qui sollicite son intervention. Il y a là une symbiose qui engage des attitudes générales si importantes pour notre culture que nous les traiterons à part dans un paragraphe ultérieur (voir § 5).

Passons d'abord au troisième mécanisme, la genèse de nouveaux troubles psychologiques à la suite d'une intervention de la psychologie elle-même. Ils sont moins connus, et par conséquent tenus pour moins nombreux, que leurs équivalents en médecine. Il ne fait aucun doute, à nos yeux, qu'ils existent. Il arrive que la possibilité de consulter un psychologue entretienne et complique des difficultés de comportement. Nous évoquions plus haut le problème du retardé scolaire, produit typique de notre conception de l'instruction. Dans beaucoup de cas, des mesures radicales pourraient être prises précocement dans l'intérêt de l'enfant et de sa famille. Mais le plus souvent, on préfère essayer encore, lui laisser une chance, comme si c'était une bonne stratégie, pour attirer le bonheur, de compter sur l'improbable. Ce faisant, on garde en réserve par-devers soi, et sans toujours se l'avouer, une idée de secours : « Si dans quelques années les choses ne s'arrangent pas, on s'adressera au psychologue ». A ce moment-là, le psychologue consulté donne des conseils pertinents, dont on retient ce que l'on veut. Au lieu de choisir la solution la plus sûre, on opte pour la plus risquée, et le cycle recommence.

Fréquenter assidûment un psychologue peut également alimenter un trouble psychologique, lui fournir l'occasion de s'épanouir au maximum, si l'on ose dire. Tel individu, désespérant de capter autrement la sollicitude des siens y trouvera un moyen de centrer l'attention sur sa personne. Tel autre y trouvera un refuge où se tenir à l'abri d'un entourage mal toléré, ou la satisfaction subtile de son narcissisme.

Dans un tout autre domaine, celui de la délinquance, l'intrusion de la psychologie ne va peut-être pas sans d'inquiétantes conséquences. Le souci de comprendre la personnalité d'autrui, fût-elle celle d'un criminel, suppose un minimum de sympathie. L'attitude est humainement belle, mais de comprendre à excuser il n'y a qu'un pas. L'évolution des idées sur la criminalité a ainsi abouti à voir dans le délinquant la victime d'une société responsable de ses errements, et il s'en faut de peu parfois que l'on ne propose de mettre la société en prison plutôt qu'un criminel. On a même vu dans certains procès le public, sinon les juges, impressionnés par les arguments des accusés justifiant leur crime par leur droit à réaliser leur personnalité propre. Lorsqu'après le meurtre d'un enfant, quelques psychologues, assistantes sociales, et autres gens soucieux de comprendre ou d'aider un si beau phénomène, se précipitent vers le coupable, et personne vers les proches de la victime, on s'interroge sur les progrès moraux que les sciences humaines apportent à notre planète. L'auteur américain d'une célèbre comédie musicale a mis en scène avec beaucoup de saveur une bande de jeunes délinquants de grande ville, célébrant dans leur repaire la sollicitude inlassable de tous les bienfaiteurs inattendus qui ont réussi à faire d'eux « une maladie sociale ». Ils vont chantant avec beaucoup de gaieté, et on les comprend, « I am a social disease ». Voilà qui les met à l'abri de tout châtiment trop dur, leur permet d'exercer leur art avec un raffinement maximum — cela ne peut que leur assurer un intérêt accru — et de trouver, en cas de besoin, un refuge apprécié dans d'heureuses prisons dotées de tout le confort souhaitable. Cette attitude de naïve compréhension a mené à la prolifération de la délinquance dans certains milieux, et l'on se souvient, il y a quelques années, des protestations des polices de grandes villes, chargées, elles, d'assurer la sécurité et d'affronter sur le terrain ces « malades sociaux » que les psychologues ne voient jamais que dans leur bureau, un geôlier prêt à intervenir derrière la porte. Voilà, assurément, pour qui ne veut pas fermer les yeux, une maladie qui se développe à la faveur des traitements qu'on a voulu y apporter. Au risque de passer pour un psychologue sans nuances, nous soutenons qu'il y a là une confusion des valeurs. Qu'il faille comprendre les délinquants et la délinquance, personne ne le conteste. C'est le seul moyen d'en assurer dans l'avenir la prophylaxie. Qu'une certaine attention puisse être portée à leur traitement si l'on y voit de sérieux espoirs de réussir, nul ne s'y opposera. Mais absoudre et entourer de soins sans mesure, sous prétexte que l'on perçoit les causes qui ont conduit au crime, voilà qui passe le bon sens. Comprendre dans tous ses détails le pourquoi d'un comportement ne dispense pas de le juger, et du point de vue de la protection de la société et du point de vue de la morale. Nous reviendrons là-dessus dans un instant.

Pourquoi les psychologues se sont-ils rendus complices de cette étrange conception, dont nous n'aurons pas la dureté de les tenir pour seuls responsables ? Il y faut voir d'abord une part d'intérêt peut-être excessif pour l'anormal, quel qu'il soit. Il n'est pas douteux que le pathologique exerce un attrait, étranger à la charité. Il n'est que de voir l'engouement de nos étudiants pour les enseignements où on leur parle de malades mentaux. Fascination d'inquiétants possibles où nous pourrions sombrer, ou satisfaction de mesurer son propre équilibre, ce goût pour le morbide n'est pas raisonnable. En second lieu, il y entre une certaine naïveté. Les psychologues imaginent volontiers qu'ils ont fait le tour d'un problème et vont le contrôler à leur gré alors qu'ils se sont simplement forgé un modèle explicatif simplifié dont se rit la réalité. En troisième lieu, ils ont peut-être servi d'instrument à d'étranges sentiments qui habitent notre société occidentale moderne : tout se passe comme si une culpabilité se cristallisait sur quelques thèmes, autour desquels s'investissent des moyens de sauvetage mal dirigés et disproportionnés, si l'on compare à d'autres problèmes quasi ignorés. La délinquance, comme les pays sous-développés, compte parmi ces thèmes privilégiés.

5. PSYCHOLOGIE DE CONSOMMATION ET PSYCHOLOGIE DE FUITE

Revenons au problème du recours au psychologue pour des difficultés banales dont on attendrait qu'elles se résolvent d'elles-mêmes, un effort du sujet y aidant. Dans certaines couches de la société, et dans certains pays, la moindre difficulté dans l'éducation des enfants, le moindre tiraillement entre conjoints, la moindre tension au sein d'une communauté de travail sont soumis aussitôt au psychologue. On ne suit pas pour autant ses conseils, car, ainsi que nous l'avons vu, on les discutera et on les rejettera s'ils ne conviennent pas. Mais alors que cherche-t-on ? Quel rôle joue en fait le psychologue ?

Très souvent sa présence autorise une fuite des responsabilités. Ceci saute aux yeux dans le cas des problèmes mineurs, mais intervient aussi dans les problèmes graves. L'utilisateur qui recourt au spécialiste des sciences humaines sacrifie à un courant qui imprègne notre civilisation technologique : dès que l'on « scientifise » un problème, il est résolu ou du moins a-t-on le droit de s'en décharger. Le seul fait de consulter le psychologue suffit à vous donner une bonne conscience « scientifique ». Il vous dispense aussi de décider, et vous met à l'abri de toute culpabilité ou de tout reproche au cas où les choses tourneraient mal. Il importe peu que ses conseils aient été ou non mis en pratique ; l'essentiel, l'acte magique est d'avoir consulté.

Un exemple particulièrement clair est celui de la psychologie industrielle. Au début, le rôle du psychologue se bornait à sélectionner les ouvriers, les employés ou les cadres d'entreprise. On se servait de lui avec l'espoir, bien légitime, d'accroître la rentabilité. On se déchargeait d'une responsabilité précise, pour laquelle il disposait d'instruments plus satisfaisants que l'empirisme traditionnel. Peu à peu le psychologue a attiré l'attention de ses employeurs sur l'importance des problèmes humains, bien au-delà de l'embauche, dans les relations entre membres du personnel, dans la politique de formation et de promotion, etc... Les chefs d'entreprise en ont pris occasion pour déléguer au psychologue leur autorité et leur pouvoir de décision en ces matières. Or, le psychologue qui considère son rôle, avec raison, comme celui d'un conseiller et non d'un substitut de l'autorité, se voit ainsi contraint, bien malgré lui, d'endosser la responsabilité normalement dévolue au chef d'entreprise. L'évolution récente des idées en psychologie industrielle montre à quel point cette équivoque s'était installée. Il est significatif que, dans un effort pour la dissiper, les psychologues tentent d'introduire dans l'industrie les méthodes non directives dont le rôle se limite en quelque sorte à celui de catalyseurs. Toute la question est de savoir s'ils survivront dans cette fonction. Ils ne le pourront qu'à la condition que l'employeur accepte de reprendre en mains ses responsabilités, et de ne voir dans les interventions du psychologue qu'un élément à soupeser, à côté d'autres, dans le choix du parti à prendre.

Le conseiller en sciences humaines, psychologue, sociologue, anthropologiste, que l'on adjoint volontiers en pays sous-développés aux équipes engagées dans des projets de développement communautaire, se trouve dans une situation analogue. A première vue, il semblerait que sa présence soit le signe d'une prise en considération encourageante des aspects humains du problème. L'expérience montre souvent, au contraire, qu'elle fournit aux divers techniciens le meilleur des prétextes pour ignorer ces aspects, en en faisant l'affaire exclusive du spécialiste. Ce dernier analyse les situations, propose des solutions, et se réjouit d'abord de rencontrer toujours, lorsqu'il parle, la plus totale approbation. Mais jamais il ne voit s'intégrer ses propositions dans l'action générale, et il en vient à se demander s'il ne vaut pas mieux qu'il se retire pour que les problèmes humains s'imposent à l'équipe des techniciens trop heureux de s'en débarrasser sur lui.

Des époux qui sentent leur entente menacée renoncent à résoudre les problèmes par eux-mêmes, s'adressent au psychologue; ils lui confient la responsabilité de leur suggérer la réconciliation ou le divorce. Des parents sentent l'autorité sur les enfants leur échapper; ils vont vers le psychologue, avec l'espoir qu'il prendra leur place. L'adolescent indécis sur le choix d'une carrière va trouver l'orienteur professionnel et lui demande de décider pour lui.

Tous ces utilisateurs délèguent aux psychologues le soin de leur fabriquer des décisions, au lieu de les prendre eux-mêmes, tout comme nos épouses, ayant renoncé à tricoter, s'en remettent à l'industrie pour leur approvisionnement en chandails et chaussettes. Mais ce qui, en matière de bien de consommation peut passer pour rationalisation, en matière de comportement humain risque d'être démission et dépendance. Et l'on se demande si le développement des sciences psychologiques, aujoud'hui si répandues dans le grand public, a rendu l'homme plus subtil dans l'examen de sa propre personne, a affiné ses prises de conscience, a approfondi sa connaissance de soi, ou, au contraire, l'a habitué à ne plus prendre la peine de se scruter lui-même, l'a transformé en un consommateur satisfait d'échapper au devoir de s'assumer.

Ainsi, on met les psychologues à contribution pour des choses qui n'en valent pas la peine; ou on leur assigne un rôle très étranger à leur véritable mission. Un si mauvais usage de leurs services gaspille leurs forces et les tient à l'écart des problèmes majeurs où leur avis devrait inspirer l'action. De ces problèmes, on ne se préoccupe qu'au moment où ils prennent tant d'ampleur qu'il devient impossible de les esquiver. On les confie alors, sans hésiter et totalement, aux spécialistes, mais il est trop tard. C'est encore une forme de fuite des responsabilités. L'enseignement nous en offre une remarquable illustration. Il fait périodiquement l'objet de réformes, entreprises par des autorités administratives et politiques démunies de toute compétence, indifférentes aux opinions des éducateurs et des psychologues. Lorsque les conéquences se font sentir — sous forme de baisse de rendement scolaire, chute de niveau des élèves, retard d'une partie de la population des classes, difficultés de rattrapage, etc..., les psychologues seront appelés à la rescousse ; à grand frais ils devront tenter de sauver la situation, et s'ils n'y réussissent pas, ils pourront encore servir de bouc émissaire. On paie ainsi aujourd'hui une armée de psychologues chargés de dépister et de traiter les victimes de méthodes d'apprentissage de la lecture et de l'écriture imposées à la hâte. On paiera demain une armée semblable pour réparer les dégâts d'innovations prématurées dans l'enseignement des mathématiques. Il est bien plus facile de prévenir que de guérir mais l'homme incline à ignorer ses responsabilités au moment où il s'agit de prévenir, et à s'en débarrasser au moment où il ne reste qu'à guérir.

6. MORALE ET PSYCHOLOGIE

Ces remarques nous amènent à dissiper un dernier malentendu concernant le rôle des psychologues, à vrai dire le plus important et le plus utile à dissiper tant pour l'avenir de la psychologie que pour l'avenir de la société.

Les problèmes de psychologie pratique sont-ils tous passibles de solutions strictement scientifiques? Autrement dit, est-il légitime, raisonnable de s'en remettre au psychologue pour tous les problèmes de comportement en faisant appel exclusivement à l'homme de science? A cette question, le public des utilisateurs que nous évoquions dans les pages précédentes, prompts à se décharger de leurs responsabilités les plus simples sur le spécialiste, répond implicitement: oui. Il y a là une équivoque grave. Mis à part le fait que la science n'a pas encore prise sur la plupart des comportements, — imaginons un stade beaucoup plus avancé de la psychologie, où plus aucun mystère ne subsisterait — on ne peut soutenir que le savoir scientifique puisse par lui-même dicter la solution à un problème d'action. Aucun savoir scientifique ne s'inscrit dans l'action sans se soumettre à une morale, et ceci est plus vrai dans les sciences de l'homme que partout ailleurs. L'ignorance de cette vérité se manifeste sous deux variantes. Dans la première un problème soumis à un psychologue passe *ipso facto* dans la sphère du pathologique et se trouve par-là même soustrait à toute considération éthique (il ne s'agit nullement ici d'un résultat du charlatanisme du psychologue, mais d'une interprétation du public sur la nature des problèmes à propos desquels une intervention psychologique est sollicitée). Dans la seconde, plus générale, il suffit que les problèmes soient traités sous le couvert de la science pour que s'élude le choix moral. Dans les deux cas, il y a méprise. Il n'est jamais possible de décider de l'orientation à donner à un comportement sans se référer à une conception normative de l'homme, de laquelle des options morales ne peuvent être exclues. Le client qui s'en remet au psychologue pour prendre ses responsabilités à sa place doit savoir que son conseiller ne peut appliquer ses connaissances scientifiques sans le support d'une telle conception implicite ou explicite. Le psychologue qui s'imaginerait exempt de cette contrainte commettrait la plus naïve des erreurs. Lorsque Freud résumait sa conception de l'équilibre et de l'épanouissement de la personnalité par les deux mots : « Travailler et aimer », il proposait une éthique bien plus qu'il ne tirait des conclusions d'une expérience scientifique, et tous les psychologues qui d'accord en cela avec Freud, viseront à ramener les personnalités troublées à cet idéal, ou à y acheminer les personnalités en croissance, participeront d'une morale au service de laquelle ils mettront leur science. Nous ignorons si, à la longue, ce sont les personnalités de ce genre qui survivront. On se prend à penser parfois, au spectacle de notre société, que les plus grandes chances de survie sont d'un autre côté.

Les psychologues sont, dans leur action, doublement liés par la morale. Pour une part, comme tous les autres hommes de science passant aux applications, il leur appartient de choisir l'usage à faire de leur savoir. Pour une autre part, et ceci leur est propre, l'objet de leur science et de leur action, le comportement humain, se situe toujours dans le contexte d'une société, et de ce fait engage une morale, et une certaine idée de l'homme.

La psychologie américaine a été longtemps dominée par la conviction que l'équilibre psychologique coïncidait avec l'adaptation au groupe social. Usant de subtils raisonnements analogiques, elle donnait à cette façon de voir un déguisement scientifique. En fait, elle se bornait à refléter le conformisme que la société érigeait en vertu majeure. Elle se faisait ainsi l'instrument d'une éthique implicite dans la culture, et l'influence qu'elle exerçait ne modifiait en rien les tendances existantes. Elle les renforçait au contraire, travaillait dans leur sens.

D'autres psychologues, non moins certains des fondements scientifiques de leur position, exaltent l'épanouissement de l'individu et poussent chacun à « se réaliser » comme si l'homme avait en lui, avant toute rencontre avec son milieu, une sorte de canevas préétabli de son épanouissement, et comme s'il dépendait de circonstances heureuses qu'il s'accomplisse. L'idée n'a évidemment rien de scientifique. Elle n'est qu'une forme moderne et moins poétique de vieux mythes sur le déroulement de la vie et du temps. On ne mesure pas toujours exactement ses conséquences pratiques, et comment, sous son couvert, il peut advenir que l'on glisse de la psychologie à l'amoralisme. Imaginons le cas, de plus en plus fréquent dans la clientèle des psychologues d'adultes, d'un individu marié consultant pour trouver une solution à des ennuis conjugaux. Le psychologue peut clairement estimer que la personnalité du conjoint est peu compatible avec celle de son client, et que ce dernier aurait mené une vie plus épanouie si un choix malheureux n'était venu l'étouffer. Il peut estimer qu'une séparation rendrait une chance de renouveau, et se trouver amené à y encourager; ou encore, il peut savoir que les prises de conscience provoquées par les entretiens psychologiques risquent d'acheminer son client vers cette solution. En favorisant directement ou indirectement le divorce dans un cas particulier, le psychologue, *quels que soient ses arguments,* ne peut ignorer qu'il touche à une institution qui fait partie d'une certaine culture, et sert de cadre à un vaste enchaînement de comportements, engageant non seulement le mariage lui-même, mais les structures familiales, éducatives, économiques, etc... Si d'autres facteurs entament cette institution, le psychologue ne peut ignorer que ses interventions, par leurs résultats, sinon dans leur intention, vont dans le même sens, et contribuent à l'évolution d'une société — à moins qu'elles n'en soient que le reflet, et leur fondement scientifique apparaît alors encore plus ténu.

L'idée que chacun doit développer une sorte de capital de départ mène, à la limite, à la justification de toutes sortes de particularités individuelles, fussent-elles franchement pathologiques ou antisociales. L'homme dispose, dans un secteur de comportement quelconque, d'un vaste éventail de modes de réactions possibles. Différentes cultures, différentes époques, différents groupes sociaux, valorisent tel ou tel de ces modes. Dans le domaine de la sexualité, par exemple, les règles sociales permettront ou excluront, selon les cas, les relations hétérosexuelles antérieurement au mariage, les relations homosexuelles, en général, ou à certains âges, ou entre certaines catégories de partenaires, etc... Les sciences humaines ont pour tâche de constater ces variations objectivement, de les expliquer, d'en analyser les implications. Elles ne les autorisent pas pour autant, ni dans l'absolu, ni dans telles circonstances. Ceci est affaire de morale. On tire, hélas, argument de l'existence dans l'espèce humaine de comportements variés et pour ainsi dire interchangeables, pour justifier le droit de chacun à adopter celui qui lui paraît correspondre à sa nature. Ainsi voit-on parfois le sadisme ou l'homosexualité exploiter à leur profit les sciences de l'homme.

Le psychologue joint donc à ses techniques une conception de l'homme qui ne lui vient pas de sa science. Lorsqu'il construit des théories du traitement psychologique, il lui est pratiquement impossible de dissocier l'explication du comportement et la conception normative. Il serait assurément très éclairant d'analyser sous cet angle les grands systèmes psychothérapeutiques. On verrait qu'ils diffèrent peut-être moins dans ce qu'ils apportent à la compréhension scientifique de l'homme que dans la conception normative qui les sous-tend. Mais ceci dépasse le cadre de notre propos.

La psychologie ne nous situe pas par-delà le bien et le mal, elle demeure en deçà. En expliquant à l'homme ses propres rouages, elle rend ses choix plus difficiles, car la connaissance ne simplifie pas les responsabilités, elle les étend et les complique.

CHAPITRE II

PROBLEMES INTERNES DE LA PSYCHOLOGIE

1. VERIFICATION ET THEORIES EN PSYCHOLOGIE

Le public mesurera mieux ce qu'il peut attendre actuellement de la psychologie s'il est informé des difficultés dans lesquelles se débat encore la science psychologique.

Ses développements et ses succès ne peuvent faire oublier que la psychologie est une science jeune, dont les origines ne remontent guère à plus d'un siècle. Elle ne s'est pas encore parfaitement dégagée du poids de son passé philosophique, et se trouve engagée dans des applications trop nombreuses et trop compliquées au regard des progrès encore minces de la recherche fondamentale. Vue de l'intérieur, elle ne présente certainement pas le spectacle de l'unité. Toutes les sciences se diversifient en une quantité de disciplines. Cela est naturel. Mais toutes ces disciplines se prêtent un mutuel appui, et à travers les variétés d'objets et de méthode, il y a communauté de point de vue général. Les applications sont en continuité avec les disciplines expérimentales de base. Une telle intégration est loin d'être réalisée au sein de la psychologie. Pour faire comprendre la portée de ce défaut d'intégration, il n'est pas de meilleure illustration que de discuter la place de la psychologie expérimentale.

Dans toutes les sciences modernes, y compris celles qui donnent lieu à de vastes domaines d'application, la part expérimentale est reconnue comme fondamentale. Il y a interaction constante entre l'expérimentation et l'application ou la théorie. Voyons la médecine. Aucun médecin praticien ne se permet de considérer la physiologie ou la biochimie comme des ornements de l'esprit, dont ses années de faculté lui ont laissé quelques traces. S'il constate chaque jour au contact des malades l'existence de territoires encore inconnus, c'est des disciplines de base, stimulées par le dialogue avec la pratique, qu'il attend des solutions certaines. Pareillement, l'agronome se sent solidaire du botaniste, du zoologiste, du pédologue. La part la plus solide de son travail pratique est celle qui s'inspire des recherches rigoureuses de ces spécialistes. Une science qui a atteint le stade de la maturité prospère par le va-et-vient continuel entre l'examen systématique des faits dans les meilleures conditions de contrôle — essentiellement la recherche expérimentale —, l'élaboration théorique et l'épreuve des applications. Chaque spécialiste tient son rôle dans cette trilogie, mais en étroite dépendance vis-à-vis des autres. En psychologie, on trouve, il faut le reconnaître, des praticiens totalement indifférents aux bases expérimentales de leurs activités, et des théoriciens très peu soucieux de la vérification de leur théorie par le réel.

Cet état de choses découle de plusieurs causes. Chez beaucoup de psychologues, l'attitude philosophique l'emporte encore sur l'attitude scientifique, et la croyance aux vertus du langage autorise les raisonnements verbaux les plus éloignés du réel. Chez d'autres, le choix de la carrière était, au départ, tout à fait étranger à un souci de rigueur scientifique. Entièrement déterminés par un idéal du service du prochain, ou par une curiosité malsaine pour les problèmes d'autrui, ils ne changent pas d'attitude en cours d'études. Dans de nombreux cas, les applications pratiques se prêtent à une approche dénuée de rigueur scientifique. Dans les divers domaines de la technologie, les élucubrations théoriques sans fondement, comme l'empirisme naïf sont vite et durement pris en défaut dans la pratique. En psychologie, de par la nature des problèmes traités, leur complexité et leur dimension temporelle notamment, on peut faire et se faire illusion pendant longtemps, sans que s'impose la nécessité d'étayer l'action sur l'expérimentation. Ainsi s'explique que la psychologie expérimentale, qui n'est rien d'autre que la partie de la psychologie qui peut, dans l'état actuel de nos connaissances et de nos techniques, être traitée par la méthode expérimentale, soit souvent considérée par les psychologues eux-mêmes comme un domaine restreint et fermé, dont les spécialistes se consacrent à quelques problèmes limités et sans incidences sur les applications.

Il est clair que la part du donné psychologique passible à l'heure qu'il est d'une analyse expérimentale est encore très mince. Chacun est conscient, d'autre part, et les expérimentateurs les premiers, des limitations de la méthode expérimentale en psychologie, limitation d'ordre moral d'abord, limitations liées à la nature des phénomènes étudiés ensuite. Beaucoup de problèmes sont clairement posés, et l'on voit très bien comment il faudrait mener l'expérience pour leur fournir une réponse. Mais des barrières éthiques s'y opposent. C'est ainsi que l'on a formulé des hypothèses sur l'importance de la présence maternelle dans la prime enfance. Elles trouveraient vérification, en l'espace d'une génération, si l'on pouvait constituer divers groupes expérimentaux avec des nouveau-nés, dont les uns seraient séparés de la mère, les autres non, et placés dans des conditions de croissance rigoureusement définies. Nul ne s'arrogerait le droit de mener une telle expérience. Il n'est d'autre moyen de résoudre un tel problème que d'accumuler des observations, et de profiter des expériences que les malheurs de la nature nous proposent parfois — c'est le principe des expériences invoquées, par opposition aux expériences provoquées, ou de la méthode pathologique.

Il est des cas où, indépendamment de tout souci moral, le spécialiste des sciences humaines se trouve aux prises avec des phénomènes dont les dimensions excluent toute manipulation expérimentale. L'anthropologiste, par exemple, s'intéresse aux conséquences des contacts entre cultures, tels ceux auxquels ont donné lieu les colonisations modernes. Il ne peut songer à produire expérimentalement de telles situations. Il se contente de les observer, aussi nombreuses que possible, afin d'en discerner les constantes. On ne peut mettre une culture humaine en laboratoire, puisque dans son essence elle est un phénomène historique, et d'une amplitude spatiale et temporelle telle qu'elle échappe à toute manipulation systématique.

Ces limitations n'empêchent nullement, d'ailleurs, l'approche scientifique des problèmes inaccessibles à la méthode expérimentale, et elles n'expliquent en rien le défaut d'intégration de la psychologie à cet égard. En effet, il est des domaines où les bases expérimentales existent ou seraient aisément réunies au prix de quelques recherches. Mais certains théoriciens, certains praticiens choisissent de les ignorer. Tel est le psychologue testeur, qui donne au public une image si fausse de la psychologie : il se cantonne dans une routine d'application de tests sans se poser la moindre question sur les fonctions psychologiques qu'ils concernent, alors que beaucoup d'entre elles ont été très largement explorées. Tel est le praticien fidèle et inconditionnel des vertus illimitées du test de Rorscharch, qui se pique des plus extraordinaires diagnostics à l'aide de ses taches d'encre, n'hésite pas à fonder sur elles, et elles seules, jusqu'à la sélection professionnelle, sans jamais s'interroger sur les mécanismes perceptifs, cognitifs, expressifs, etc... qui sont à l'œuvre dans les réactions de leurs sujets. Tels sont aussi les amateurs de théories sans attaches avec le concret.

Il n'est pas inutile de clarifier quelque peu, à ce point, la signification des théories dans les progrès d'une science comme la psychologie. Au départ de toute démarche scientifique, il faut au moins une hypothèse. Elle peut être très rudimentaire comme « les expériences pour voir », ou très élaborée, — lorsque, par exemple, on se demande si un modèle mathématique donné rend compte adéquatement d'un mécanisme de comportement.

On ne collectionne donc jamais des faits au hasard, sans intention. Les faits recueillis ne revêtent de valeur que s'ils sont organisés. C'est à ce stade qu'intervient la théorie, qui est formulation cohérente des lois qui rendent compte des phénomènes connus dans une sphère plus ou moins générale. On pourrait définir, grossièrement, une théorie comme une mise en ordre, qui ne peut, naturellement, être en contradiction avec aucun fait établi.

Comme on ne doit jamais préjuger de l'avenir, une théorie ne doit jamais être tenue pour définitive. Elle ne peut passer pour un système fermé. Même lorsqu'elle englobe un très vaste ensemble de phénomènes dans une tentative d'explication, elle n'est rien d'autre, en somme, qu'une nouvelle hypothèse. En termes simples, nous dirions qu'avant de commencer une expérience, on part d'une hypothèse, et que, l'expérience achevée, on ordonne les faits dans une théorie, laquelle devient hypothèse pour les expériences suivantes, et ainsi de suite. Une théorie très générale n'est pas essentiellement différente ; elle conduit seulement à un grand nombre d'observations et d'expériences, visant à la vérifier, ou à prendre en défaut sa généralité. Ainsi conçues, les théories fécondent le progrès scientifique, dans un dialogue perpétuel entre les faits et la réflexion sur les faits. Mais il arrive que l'homme de science s'attache à démontrer à tout prix une théorie qui lui est chère, et que la théorie, de tentative d'explication et d'hypothèse, se mue en système, voire en doctrine. A cette fin, il mettra en œuvre, inconsciemment peut-être, quelques artifices. Il organisera ses observations et ses expériences de telle façon qu'elles ne puissent avoir d'autres issues que favorables à sa théorie. Il sélectionnera les faits qui confirment la théorie, laissant dans l'ombre les autres, ou en minimisant la signification. Il interrompra la recherche au point où les données obtenues vont dans le sens souhaité, se gardant d'aller plus avant au risque de voir s'ébranler les premières certitudes. Il gonflera le raisonnement verbal, pour dissimuler la pauvreté des faits invoqués. De tels gauchissements ne sont pas rares en psychologie. Le plus courant est le dernier, qui se manifeste dans une prolifération de théories spéculatives, trop éloignées des faits pour conserver la moindre valeur heuristique, mais qui parviennent parfois à en imposer, et à consommer de grandes énergies. La déduction logique y prend le pas sur les faits, la cohérence y prend force de vérité.

Pourquoi la psychologie est-elle particulièrement exposée à ces déviations, pourquoi y trouve-t-on tant de systèmes et de doctrines ? Sa jeunesse est pour une part responsable. Elle comble ses lacunes en certitudes par une incontinence d'explications imaginaires, qu'elle néglige ou n'a pas le temps de mettre à l'épreuve. Son passé philosophique, ici encore, continue à peser, tout comme la contamination de la psychologie populaire. De par sa matière et de par ses origines, la psychologie attire certainement beaucoup d'esprits peu tournés vers la rigueur scientifique, et qui ne peuvent se résoudre à cette patience dans le progrès de la connaissance qui est l'apanage du vrai homme de science. Ils ont besoin de cohérence, de système clos. Sans doute y a-t-il là, au niveau intellectuel, une difficulté à affronter l'incertain, à vivre sans cadres bien fixés sur lesquels s'appuyer. Le système théorique fermé répond souvent, chez celui qui le forge ou l'adopte, à un besoin de sécurité. Ce que Skinner dit des théories de l'apprentissage, dans un article vigoureux où il met en question leur utilité, vaut pour toutes les théories — systèmes qui ont envahi la psychologie :

« On peut très raisonnablement soutenir que leur principale fonction jusqu'à ce jour aura été, non pas de stimuler la recherche dans les directions les plus appropriées, mais de créer un faux sentiment de sécurité, une satisfaction sans fondement du *statu quo*. »

Enfin les systèmes satisfont certainement beaucoup plus et beaucoup mieux la vanité de l'intellectuel que la lente et patiente mise en question perpétuelle de la véritable recherche scientifique. Les hommes de science, psychologues ou autres, sont des êtres humains, et ils font leur métier avec les infirmités de leur espèce. Quel meilleur moyen pour le psychologue qui cherche à affirmer son prestige et que la chance n'a pas mis sur la voie de découvertes originales que de fabriquer un système qui illustre son nom ? C'est une admirable page de psychologie des motivations, et que méditeront avec le plus grand profit les étudiants qui pénètrent dans le fouillis des théories psychologiques, qu'écrivait il y a un siècle le grand physiologiste Claude Bernard (à un niveau de développement de la médecine comparable au niveau de développement atteint aujourd'hui par la psychologie) :

« Le système et la doctrine procèdent par affirmation et par déduction purement logique ; la méthode expérimentale procède toujours par le doute et par la vérification expérimentale. Les systèmes et les doctrines sont individuels ; ils veulent être immuables et conserver leur personnalité. La méthode expérimentale, au contraire, est impersonnelle ; elle détruit l'individualité en ce qu'elle réunit et sacrifie les idées particulières de chacun et les fait tourner au profit de la vérité générale établie à l'aide du critérium expérimental. Elle a une marche lente et laborieuse, et sous ce rapport elle plaira toujours moins à l'esprit. Les systèmes, au contraire, sont séduisants, parce qu'ils donnent la science absolue réglée par la logique seule : ce qui dispense d'étudier et rend la médecine facile. »

Du point de vue des motivations de l'homme de science, une autre fonction des systèmes est de permettre une identification très étroite avec un modèle admiré, et qui satisfait à la fois le besoin de sécurité et le narcissisme. Il est curieux de voir, parmi les psychologues, de véritables zélateurs de maîtres, parfois justement prestigieux, se réclamant sans crainte du ridicule d'une *orthodoxie*. Les psychanalystes s'organisent en sectes et n'hésitent pas à s'intituler eux-mêmes « Freudiens orthodoxes ». Voilà une attitude par elle-même surprenante dans le cadre d'une science. Imagine-t-on des biologistes sérieux se vouant à l'orthodoxie mendélienne, imagine-t-on, parmi les physiciens, les membres de la secte orthodoxe des disciples de Newton, d'Einstein ou de Bohr ? Dans tout autre science que la psychologie, le spécialiste se défendrait d'une telle aliénation, et protesterait en affirmant que son adhésion actuelle à telle théorie ne le lie d'aucune façon définitivement, ni inconditionnellement au passé. Il est bel et bien des psychologues, et on les dit de plus en plus nombreux, qui se prosternent devant M. Lacan comme devant un mage. De tels cultes ne servent pas la science, ils la paralysent.

2. L'OBSCURANTISME EN PSYCHOLOGIE

Imaginons trois étudiants s'inscrivant dans trois de nos illustres facultés pour commencer des études de psychologie. La rumeur et le programme des cours les ont avertis des privilèges qui les attendent: parmi les maîtres qui les instruiront se trouvent quelques célébrités. Curieux et consciencieux, soucieux de se préparer aux premières leçons magistrales, ils se précipitent chez le libraire, et y achètent un ou deux ouvrages signés par celui qui, peut-être, sera demain leur maître à penser. Installé dans la chambre d'étudiant qu'il vient d'inaugurer, chacun feuillette les pages sacrées, arrête son regard çà et là. Que liront-ils? Et dispersés en trois lieux différents, se trouveront-ils à cette heure-là réunis sans le savoir dans leur lecture?

Imaginons le premier s'arrêtant sur le passage suivant:

« La méthode expérimentale mesure donc l'abîme qui sépare le spéculatif du scientifique. Elle se méfie des coïncidences, des constructions de l'esprit, des préjugés. Elle sait que le nombre des aspects d'un fait — c'est-à-dire ses variables — est tel qu'une solide affirmation sur sa genèse ou ses concomitances n'est possible qu'au terme de longues et sérieuses vérifications. »

Imaginons le second méditant ce texte:

« Affirmer par contre que la structure de l'organisme n'est accessible qu'à l'intuition philosophique et comporte entre autres la finalité, tandis que l'honnête biologiste travaillant jour après jour en son laboratoire (et avec des méthodes qui rendent) n'y comprendra jamais rien, en tant que borné par une cécité heuristique et conceptuelle l'empêchant de bénéficier des mêmes intuitions, ce n'est plus se référer à des échelles distinctes mais coordonnables, c'est froidement couper la pensée humaine en deux secteurs hétérogènes et c'est abuser du grand terme de « vérité » pour lui donner deux significations incompatibles.

Le sens courant du mot « vérité » se réfère à ce qui est vérifiable par chacun. Peu importe le procédé de vérification pourvu qu'il soit accessible et qu'il donne la garantie au sujet qu'il n'est pas centré sur son moi ou sur l'autorité d'un maître, mais que ce qu'il avance est contrôlable par tous ceux qui doutent. Si la finalité de l'organisme était « vraie » en ce sens, même si on ne le constate pas au microscope et qu'il faille, pour l'atteindre, se livrer à un effort de déduction et d'abstraction aussi laborieux qu'on voudra, mais dont on fournisse les règles, ce serait une vérité tout court : donc une vérité scientifique comme il y en a bien d'autres, comprise d'une élite seulement, mais accessible à tous à condition de fournir le travail voulu. »

Assoiffé de vérité lui-même, et convaincu d'appartenir à cette élite, notre étudiant se hâte vers la dernière page, pour y trouver le message final :

« Quant à l'avenir de la psychologie scientifique et des autres sciences touchant de près ou de loin aux problèmes de l'esprit, on ne saurait s'inquiéter à son sujet, car non seulement leur développement est irréversible, mais encore il est, comme en toutes les sciences, d'une irréversibilité d'un type particulier : ainsi qu'aime à le dire R. Oppenheimer, celle-ci repose sur la conscience des erreurs qu'on ne fera plus, car en science il n'est pas possible de se tromper deux fois de la même façon. Tant l'ouverture indéfinie de ces sciences jeunes sur de nouveaux problèmes que cette capacité d'auto-correction irréversible sont donc les gages assurés de leur vitalité ».

Le troisième s'interroge, à travers le texte qu'il parcourt avec un mélange d'exaltation ou de perplexité sur le physique de son maître de demain : quel genre d'homme est-on, lorsqu'il écrit et pense de la sorte ? Il est allé droit au chapitre traitant bien à propos pour lui des sciences humaines :

« On voit que les sciences humaines ne sont pas analyse de ce que l'homme est par nature ; mais plutôt analyse qui s'étend entre ce qu'est l'homme en sa positivité (être vivant, travaillant, parlant) et ce qui permet à ce même être de savoir (ou de chercher à savoir) ce que c'est que la vie, en quoi consistent l'essence du travail et ses lois, et de quelle manière il peut parler. Les sciences humaines occupent donc cette distance qui sépare (non sans les unir) la biologie, l'économie, la philologie, de ce qui leur donne possibilité dans l'être même de l'homme. On aurait donc tort de faire des sciences humaines le prolongement intériorisé dans l'espèce humaine, dans son organisme complexe, dans sa conduite et dans sa conscience, des mécanismes biologiques ; non moins tort de placer à l'intérieur des sciences humaines la science de l'économie et du langage (dont l'irréductibilité aux sciences humaines est manifestée par l'effort pour constituer une économie et une linguistique pures). En fait, les sciences humaines ne sont pas plus à l'intérieur de ces sciences qu'elles ne les intériorisent en les infléchissant vers la subjectivité de l'homme ; si elles les reprennent dans la dimension de la représentation, c'est plutôt en les ressaisissant sur leur versant extérieur, en les laissant à leur opacité, en accueillant comme choses les mécanismes et les fonctionnements qu'elles isolent, en interrogeant ceux-ci non pas en ce qu'ils sont, mais en ce qu'ils cessent d'être quand s'ouvre l'espace de la représentation ; et à partir de là elles montrent comment peuvent naître et se déployer une représentation de ce qu'ils sont. Elles reconduisent subrepticement les sciences de la vie, du travail et du langage du côté de cette analytique de la finitude qui montre comment l'homme peut avoir affaire en son être à ces choses qu'il connaît et connaître ces choses qui déterminent, dans la positivité, son mode d'être. Mais ce que l'analytique requiert dans l'intériorité ou du moins dans l'appartenance profonde d'un être qui ne doit sa finitude qu'à lui-même, les sciences humaines le développent dans l'extériorité de la connaissance. »

Séduit et comme grisé par cette poétique géométrie, l'étudiant aborde la conclusion :

« C'est pourquoi le propre des sciences humaines, ce n'est pas la visée d'un certain contenu (cet objet singulier qu'est l'être humain); c'est beaucoup plutôt un caractère purement formel : le simple fait qu'elles sont, par rapport aux sciences où l'être humain est donné comme objet (exclusif pour l'économie et la philologie, ou partiel pour la biologie), dans une position de redoublement, et que ce redoublement peut valoir *a fortiori* pour elles-mêmes. »

Quelques détails de la démonstration, il se l'avoue secrètement, lui échappent, mais il a l'excuse de sa jeunesse, et il soupçonne que la pénétration de si merveilleux labyrinthes exige du lecteur l'ingestion d'un peu de L.S.D., cette drogue miraculeuse dont on dit qu'elle ouvre des espaces aux dimensions indicibles, et dont il devine à présent la raison d'être et la légitimité. Il tourne les pages, glisse sur « la surface de projection du langage », découvre « l'entrecroisement » des sciences humaines, qui « peuvent toujours s'interpréter les unes les autres », comprend que « leurs frontières s'effacent, que les disciplines intermédiaires et mixtes se multiplient indéfiniment, que leur objet propre finit même par se dissoudre », s'émerveille que les sciences humaines « traversent de bout en bout, qu'elles tiennent à distance, mais qu'elles joignent aussi les positivités empiriques de la vie, du travail et du langage aux formes de la finitude qui caractérisent le mode d'être de l'homme».

Mais l'illumination décisive lui vient lorsque le maître lui révèle:

«Si bien qu'elles (toujours les sciences humaines naturellement) cherchent moins comme les autres sciences, à se généraliser ou à se préciser, qu'à se démystifier sans arrêt: à passer d'une évidence immédiate et non contrôlée, à des formes moins transparentes mais plus fondamentales. Ce cheminement quasi transcendantal se donne toujours sous la forme du dévoilement. .... Une surélévation transcendantale retournée en un dévoilement du non-conscient est constitutive de toutes les sciences de l'homme.»

A ce point de sa lecture, les espaces ont chaviré, l'étudiant pressent que cette prose n'exige pas l'ingestion préalable de L.S.D., mais qu'elle la remplace. Il est prêt à une dernière découverte, une ultime mise au point — pour qui s'y serait trompé —: que les sciences de l'homme ne sont pas des sciences...

Le premier de nos trois étudiants est à Paris et l'ouvrage qu'il lisait est de Paul Fraisse, maître de la psychologie expérimentale [1]. Le second est à Genève; sa curiosité l'a conduit à l'autobiographie intellectuelle récemment publiée par Jean Piaget [2], auprès duquel il va s'initier à la psychologie du développement et plus spécialement à l'épistémologie génétique. Le troisième fré-

---

[1] *La Psychologie expérimentale,* Presses universitaires de France, Paris, 1966.
[2] *Sagesse et Illusions de la Philosophie,* P.U.F., Paris, 1966.

quente la nouvelle faculté de Paris-Nanterre, et s'était aventuré dans *Les Mots et les Choses* [1] de M. Michel Foucault.

Est-ce une même science que vont apprendre ces trois jeunes gens? Seront-ils dotés par ces maîtres d'un même cadre conceptuel, d'une même méthode, d'un même langage à travers lequel ils pourront ultérieurement communiquer et continuer à construire le savoir? En ce qui concerne les deux premiers, cela ne fait aucun doute. Mais le troisième ne vivra pas dans le même univers intellectuel; on l'aura compris au ton, au style, au contenu des citations.

Ce qui distingue ces trois auteurs ne tient pas à leur spécialité. Nous aurions pu choisir des textes d'un clinicien, d'un psychologue statisticien, d'un psychologue d'industrie, de tel psychanalyste (à commencer par Freud lui-même s'il vivait encore) et les ranger à côté de ceux de Fraisse et de Piaget; nous aurions pu, d'autre part, prendre d'autres cibles que M. Foucault.

Deux choses, essentiellement, les distinguent. La première est le souci de vérification, central chez les premiers, totalement étranger aux seconds. Souci de vérification sans lequel, n'en déplaise à M. Foucault, il n'existe pas de *science* — au sens habituel et normal du terme. Souci de vérification qui suppose, chez l'homme

---

[1] Gallimard, Paris, 1966. Au moment où nous écrivons ceci en 1967, M. Foucault avait été appelé à Nanterre où il ne professa, en fait, jamais. Il enseigne aujourd'hui à Vincennes, non parmi les psychologues, mais parmi les philosophes. Le lecteur voudra bien pardonner cette erreur historique qui ne nuit guère à nos propos.

de science, une exigence absolue de clarté dans la communication des idées et des faits, d'où un effort constant pour élaborer un code dépourvu d'ambiguïté. Souci de vérification qui est la condition *sine qua non* du caractère cumulatif du savoir scientifique.

La deuxième est l'expérience pratique du travail scientifique, commune aux premiers, presque toujours absente chez les seconds. Ceux-ci se contentent de réflexion sur les sciences psychologiques, sans les avoir jamais pratiquées, ne serait-ce qu'au stade de la formation. Ils croient pouvoir les dominer, et juger le travail de ceux qui les font, en dissertant. Ils se comportent à la façon de ces philosophes qui discutent de la matière et de la vie sans avoir jamais exécuté eux-mêmes le moindre exercice de physique ou de biologie.

Qu'il existe encore aujourd'hui des psychologues, des professeurs de psychologie aux attitudes si opposées témoigne d'un état de choses qu'il importe, par honnêteté envers le public, de ne pas dissimuler. La psychologie n'a pas encore accédé à l'unité d'une science mûre.

Une comparaison avec d'autres domaines fera ressortir cette curieuse hétérogénéité d'orientation. Que l'on imagine, plutôt que trois étudiants en psychologie, trois étudiants en chimie. Leurs maîtres différeront par leur spécialisation, leur talent didactique, leurs préférences pour telle ou telle théorie. Mais ils enseigneront néanmoins les mêmes méthodes, les mêmes symboles, les mêmes concepts, et leurs élèves, grâce à cela, se comprendront. Ils s'efforceront de ne pas obscurcir par l'originalité de leur style personnel les données de leur science. Au contraire, ils viseront à en rendre la communication la plus sûre possible en utilisant au maximum un langage idéographique (les symboles chimiques, les formules mathématiques en sont des exemples) qui échappe non seulement aux particularismes individuels de l'expression, mais aux contraintes des différentes langues naturelles, et qui autorise par là une communication véritablement universelle.

S'il n'en va pas de même en psychologie, ce n'est nullement insistons-y, en raison de la diversification des approches et des secteurs, de la psycho-physiologie à la psychanalyse. Toutes ces approches et tous ces secteurs de spécialisation ne s'opposent jamais, mais au contraire se fécondent mutuellement ; ils ne sont point contradictoires, mais complémentaires, si seulement, en chacun d'eux, se retrouve l'exigence capitale de vérification. Les orientations d'un Piaget et d'un Foucault ne peuvent être complémentaires, elles sont incompatibles. Et l'on devrait oser la question : un professeur qui serait à la chimie ce que les Foucault sont à la psychologie scientifique trouverait-il position officielle et audience dans les facultés des sciences ?

Il n'y aurait pas lieu de s'inquiéter si cette coexistence des contradictoires ne traduisait qu'une survivance en déclin, le combat d'arrière-garde de la psychologie philosophique. Mais la tendance a-scientifique s'affirme avec une surpenante vigueur, se taille des succès. Comment expliquer un tel phénomène ?

Il faut y voir d'abord le reflet, dans un domaine encore exposé à ce genre de supercheries, des fantaisies intellectuelles dont se nourrissent, époque après époque, certaines castes de pseudo-penseurs. Il y a là un curieux phénomène sociologique dont Paris est sans doute le lieu privilégié. La gloire se forge, pour les esprits de cette sorte, en s'emparant de quelque notion propre à une science et en en faisant un thème à la mode autour duquel le délire verbal se donne libre cours. De nos jours, l'une de ces notions au destin inattendu est celle de *structuralisme*. Elle a été empruntée à la linguistique moderne. Elle concerne, de façon très précise, une manière d'envisager le langage et son analyse. Pour les linguistes, gens rigoureux et épris de clarté s'il en est, il n'y a pas là matière à philosophailleries. Mais qui veut bavarder bavarde de n'importe quoi, et l'on s'est mis à bavarder à tort et à travers sur le langage et les structures, en enfilant des idées creuses sans rapport aucun avec la science linguistique (car c'est une science et non une logomachie). Certaines notions freudiennes avaient subi le même sort, et ont parfois retrouvé un regain de mondanité en entrant dans l'orbite du «structuralisme». Demain, d'autres thèmes serviront au même jeu. C'est par le hasard de la mode, et pour nulle autre raison, que le livre de M. Foucault auquel nous avons fait allusion consacre tant de place au langage, pour étayer une démonstration tout à fait arbitraire. Les macromolécules ou les radiations cosmiques eussent fait l'affaire, si leur vogue égalait celle du structuralisme. On peut sourire à ces prétentieuses naïvetés, comme à des sous-produits anodins de notre liberté de pensée et d'expression. Il faut s'en affliger, si l'on songe à la trahison sur laquelle elles reposent. Trahison triple, d'abord envers les sciences qu'elles exploitent sans les assimiler et dont elles faussent totalement l'image; ensuite envers leur public, qui, s'il n'est averti, s'imagine trouver à travers elles une synthèse des conceptions du monde et de l'homme, alors qu'elles ne sont qu'échafaudages gratuits ; envers la connaissance enfin, qu'elles parodient. Lorsqu'elles trouvent assez de complicités pour se faire une place dans l'université et se faire passer auprès des jeunes esprits pour recherche de la vérité, alors qu'elles n'en offrent qu'un bouffon déguisement, il faut bien dénoncer ce que M. Picard, fort judicieusement, a appelé *l'imposture* [1].

Une seconde raison doit être cherchée dans l'offensive acharnée que livre certaine philosophie à la psychologie scientifique. Ce sont les fondements mêmes de la méthodologie scientifique appliquée au psychisme que contestent les courants phénoménologiques. Pour une part, on peut voir là une tentative, peut-être ultime, de la philosophie en vue de conserver son hégémonie sur un domaine du savoir — encore un — qui lui échappe. Mais les questions qui sont posées à la psychologie n'en méritent pas moins une réponse : s'il s'agit de faux problèmes, il n'est pas inutile de dissiper les malentendus, et s'il s'agit de vrais problèmes, la psychologie se doit de les prendre au sérieux. Nous n'entreprendrons pas une discussion approfondie à ce sujet : il y faudrait un livre entier, et une compétence qui nous fait défaut. Nous nous bornerons à quelques remarques, concernant deux des principales objections qui sont faites à la psychologie et aux sciences humaines en général. La première porte

[1] R. Picard, *Nouvelle Critique ou Nouvelle Imposture,* Paris, J-J. Pauvert, 1965.

sur le caractère unique, par conséquent non reproducti-
ble, du fait psychologique, qui le distinguerait fondamen-
talement du fait physique. La seconde met en question
le principe de causalité appliqué à la vie psychique.

Il est significatif qu'en une époque où les hommes se
font de plus en plus semblables les uns aux autres, adop-
tant d'un bout à l'autre du monde les mêmes habitudes
de vie, ils éprouvent le besoin d'insister sur le caractère
unique, irremplaçable, incommunicable de leur «vécu».
Qu'un fait brut soit, d'une certaine façon, unique, cela va
de soi, mais c'est vrai de n'importe quel fait, physique
aussi bien que «psychologique». Ce caractère unique
n'intéresse pas l'homme de science; Il s'attache à des
faits pour ainsi dire abstraits et passibles de répétition,
d'où, précisément, découle la possibilité d'en dégager des
lois. Nous admettons que l'oxygène et l'hydrogène se
combinent pour donner de l'eau, et que la loi ainsi énon-
cée ne soit nullement déjouée par le caractère unique de
la goutte de pluie tombant à tel moment à tel endroit.
Nous admettons aussi que, stimulé par une épingle, ou
un courant électrique, le membre se fléchisse, et que
cette réaction ne soit pas seulement générale chez un
même organisme, mais qu'on la retrouve chez tous, et
qu'elle soit à maints égards comparable chez la grenouille
et chez l'homme. Nous admettons encore que les langues
dont se servent les hommes présentent, en dépit de leur
diversité, des constantes qui définissent le langage
humain dans ce qu'il a de plus général. Et nous trouvons
légitime que tout cela fasse objet de science. Mais qu'on
en vienne aux états intérieurs, et il faudrait que rien ne
ressemble plus à autre chose. Il n'est pas de raison

d'assigner une frontière au droit de la science d'abstraire du réel des faits reproductibles et des lois générales. Quelle raison, d'ailleurs, aurions-nous de croire que les sentiments des hommes soient moins banalement semblables que leurs gestes, leurs paroles ou leur physionomie ? Que les individus soient à certains égards *uniques* est une vérité biologique, donc une loi générale. Voilà qui ne dispense ni d'éclaircir et d'expliquer la part d'*unique,* ni, pour le reste, d'analyser les ressemblances.

Une équivoque a été entretenue par l'opposition chère à Jaspers, et maintes fois invoquée, entre *comprendre* et *expliquer.* Les lois dégagées par les procédés scientifiques habituels ne suffiraient plus à saisir l'individualité. Il ne s'agirait plus seulement d'*expliquer,* ou de voir abstraitement des enchaînements de cause à effet, rapportés à des schémas généraux, mais d'atteindre au cœur même de l'expérience vécue de l'autre, en ce qu'elle a d'original, de *comprendre.* Si l'on veut dire par là que les connaissances établies sont encore trop maigres pour prétendre épuiser tous les aspects de la personnalité, que le clinicien doit se garder de caricaturer l'individu en en limitant le portrait aux quelques lignes fermes que la science l'autorise à tracer, qu'il doit au contraire être attentif aux nombreux espaces encore peu découverts par la science, mais non moins importants peut-être ; on approuvera sans réserve l'intérêt d'une telle distinction. Si l'on veut marquer la profonde différence d'attitude qui sépare l'homme de science soucieux avant tout de formuler des hypothèses et des théories générales, et l'homme de science qui applique ses connaissances au cas particulier d'un individu qui le consulte, on ne peut que souscrire.

Si l'on veut souligner l'importance d'une synthèse qui reconstitue l'individu dans sa globalité, et ne le laisse pas comme écartelé par l'analyse, on applaudira. Mais nous ne pouvons approuver que l'on se serve de cette opposition pour défendre on ne sait trop quelle intuition, qui devrait se substituer, au moment décisif, à la rigueur de l'approche scientifique dans l'étude d'une personne. Quoique nous fassions, l'univers de l'autre ne nous est accessible que par comparaison et par inférences. On ne voit pas en quoi l'on pourrait diminuer la valeur de ces comparaisons et de ces inférences en les systématisant et en les contrôlant. Nous ne saisissons autrui qu'à travers ses comportements, et nous n'interprétons ces comportements qu'en les rapportant à d'autres comportements, appartenant à d'autres individus, ou au même individu dans une situation différente, ou à un moment différent. Si vous analysez la description que vous fournirait d'une personnalité quelqu'un qui prétendrait se guider sur une méthode intuitive soi-disant supérieure aux méthodes scientifiques, vous verrez qu'elle se ramène toujours à accorder un sens à des comportements — verbaux ou non — par référence à des systèmes antérieurement constitués. Mais cette référence n'étant pas formulée avec précision, on se donne l'illusion d'appréhender plus fidèlement l'individu.

La seconde objection porte sur l'application du principe de causalité à la psychologie. La science cherche à mettre en évidence des relations de cause à effet. Appliquée au vivant, cette perspective met en question, naturellement, tout finalisme. Et appliquée plus spécialement au niveau psychologique, elle fait fi de ce que les phénoménologues ont appelé l'intentionalité. Notons d'abord que la notion de causalité, dans tous les domaines, s'est modifiée à travers l'histoire scientifique. A l'enchaînement simple reliant une cause définie à un effet défini, on a dû peu à peu substituer la notion de multiplicité des causes en interaction influant sur une multiplicité d'effets, d'où la nécessité d'aborder l'analyse des phénomènes en termes probabilistes, puis la notion de régulation, les effets réagissant à leur tour sur les causes. Cela n'a rien changé, pour le fond, au déterminisme, mais en a modifié singulièrement la formulation. Mais ce que l'on objecte, c'est que l'état psychologique actuel d'un sujet ne peut se réduire à des causes, qu'il faut le considérer pour lui-même, et que, pour l'individu, les causes n'ont aucune importance, mais bien cet état qu'il *vit*. Cette objection ne manque pas de pertinence lorsqu'on envisage le cas individuel tel que l'aborde, par exemple, le psychologue clinicien. Ce dernier manque son but s'il pense avoir résolu le problème posé en en décelant les origines. Certaines écoles ont sans doute accentué trop exclusivement la dimension historique dans l'exploration psychologique, et négligé l'intégration actuelle de l'individu. Il reste que l'analyse des causes qui ont entraîné un état psychologique présent est toujours essentielle, et qu'il serait bien plus grave de ne pas poser la question : comment l'individu en est-il arrivé là ?

Mais l'objection ne peut atteindre l'effort des sciences psychologiques dans leur ensemble, conçues comme le dernier niveau de la biologie. Ce qui préoccupe les phénoménologues n'y tient qu'une place réduite parmi mille autres problèmes, problèmes auxquels le parti pris de la recherche des causes et des effets s'applique avec succès. Les psychologues, dira-t-on, se targuent d'expliquer les effets par les causes, mais ils sont bien en peine de prédire ce qu'il adviendra demain d'un sujet. Ils sont bien loin de la certitude causale des physiciens, des chimistes, ou des botanistes, qui eux seraient en mesure de prédire. L'argument est naturellement fort grossier. Il confond, en effet, la prédiction d'une destinée individuelle dans des conditions naturelles et la prédiction d'un phénomène contrôlé dans des conditions contrôlées. Il confond d'autre part les possibilités de prédiction de science mûres et solides et celles d'une science balbutiante. Le physicien ne prédit pas le cas individuel, il prédit le cas général, auquel se conformera le cas individuel pour autant qu'aucune variable inattendue n'intervienne. Si c'était le cas, la prédiction devrait être corrigée à condition que les effets de cette nouvelle variable soient eux-mêmes connus. Le psychologue ne peut évidemment prévoir la résultante de quelques causes qu'il perçoit clairement combinées à une multiplicité de causes qu'il ignore. Il ne peut qu'émettre des pronostics, c'est-à-dire des prédictions probabilistes, ce qui ne veut nullement dire que les effets soient sans cause, mais que leurs causes sont si nombreuses, si diverses, et pour cela si imprévisibles, qu'elles laissent toujours une part d'indétermination. Il ne faut pas se leurrer: il n'y a pas de compréhension sans hypothèses sur les causes de ce que l'on cherche à comprendre, et il n'y a pas non plus d'action (éducative, par exemple, ou psychothérapeutique) sans pari sur les effets des manœuvres que l'on engage. Si l'on peut assigner à la psychologie un domaine qui échappe à ces nécessités, peut-être la notion de causalité devra-t-elle être écartée, mais nul n'a jamais délimité ce domaine de façon convaincante.

Une troisième raison de la vitalité relative des approches a-scientifiques en psychologie est à rechercher dans le goût du public pour le mystère et le sensationnel. L'homme moderne est, dans l'ensemble, moins épris qu'il veut bien le dire de lucidité. La science vise à jeter la clarté sur l'inconnu. Sous son action, le sensationnel s'évanouit en se faisant familier, le mystérieux devient transparent. Pour qui sait contempler, cela n'enlève rien au merveilleux du monde. Mais l'entreprise prive le public des deux aliments principaux de son imagination. Il n'est pas du tout sûr que l'homme souhaite se bien connaître. La psychologie, en le mettant à nu, menace l'image qu'il se fait de lui-même, met en péril sa sécurité. Il n'est que de voir les réactions que suscitèrent en dehors des milieux scientifiques deux des grandes découvertes de la psychologie moderne, celle des mécanismes inconscients et de la part qu'y tient la sexualité, et celle du conditionnement. C'est pourquoi sont si bien accueillies les tentatives de certains esprits pour maintenir, ne serait-ce que par le style, une couche d'obscurité sur la vie psychique, pour soustraire par avance quelques parcelles à l'intrusion de la science. Un coup d'œil sur certaine littérature périodique fort en honneur montre à quel point l'image de la psychologie, telle que la savoure le public, n'est pas celle d'une discipline rigoureuse, l'aidant éventuellement à se découvrir, mais d'une aventure utile à alimenter ses phantasmes. Les sujets les plus largement traités y sont, en fait, l'inconscient (présenté avec tout le halo de mystère souhaitable), l'érotisme (plutôt que, dans toute son objective froideur, la psychologie sexuelle), la parapsychologie. N'est-il pas surprenant de voir ces attitudes s'infiltrer jusque chez les psychologues eux-mêmes? Récemment, les étudiants en psychologie d'une de nos universités organisèrent un voyage en URSS. On se fût attendu à ce que l'attrait scientifique principal de l'expédition résidât dans les développements actuels du pavlovisme, ou dans quelque autre secteur où s'illustre la psychologie soviétique contemporaine. Point du tout. Leur long pèlerinage trouvait son prétexte dans la rencontre d'un parapsychologue! Etrange besoin de situer en dehors du territoire autorisé à la psychologie une chasse réservée, où le gibier serait d'une autre nature, comme l'indique cet attachement à un terme scientifiquement sans raison. Si les phénomènes de transmission de pensée, de prémonition, de perception extra-sensible existent, — ce que nous n'entreprendrons pas de prouver — ils font partie de la psychologie tout court, en tant que faits réels. Et s'ils n'existent que sous forme de croyances, ils font encore partie de la psychologie, en tant que croyances. En aucun cas, il n'est utile d'en faire un domaine distinct, en entretenant l'idée que la psychologie scientifique habituelle s'occupe de banalités, et que les vraies puissances psychiques lui sont inaccessibles. Si les vieux rêves des alchimistes trouvent un jour leur accomplissement, ce sera par les soins des chimistes et des physiciens, non par l'œuvre des alchimistes qui auraient regardé avec mépris les progrès des hommes de science et se seraient obstinés dans leurs vaines recherches. La parapsychologie est l'alchimie des sciences de l'homme. Ses préoccupations ne sont pas nécessairement insensées, mais s'il se trouve quelque vérité à découvrir, mieux vaut céder le pas à la science.

Certains domaines de la psychologie sont particulièrement exposés à la tentation a-scientifique : ce sont les domaines dont les méthodes sont encore mal définies, ou dont l'objet est trop complexe. Ainsi la psychologie sociale ou la psychologie de la personnalité s'y prêtent plus que la psychologie de laboratoire. L'unité de la psychologie se trouve menacée moins par la diversification des spécialités — qu'aucun cerveau humain n'est désormais en mesure de dominer — que par la contamination de certaines d'entre elles au contact de modes et de tendances étrangères au cheminement de la science.

3. LE PSYCHOLOGUE, JUGE ET PARTIE

Il est des particularités de la psychologie qui en rendent la tâche plus difficile que celle des autres sciences. L'une de ces particularités, et la plus importante peut-être, résulte de la position qu'occupe le psychologue par rapport à son objet d'étude. Dans une recherche de physique ou de physiologie, l'expérience vaudra ce que vaudra l'expérimentateur, en tant qu'expérimentateur. Qu'il soit beau ou laid, ait une voix grave ou criarde, soit timide ou autoritaire, cela n'a aucune importance s'il mène son expérimentation proprement, manipule ses appareils avec compétence et soin, et sait observer les phénomènes avec l'acuité et l'honnêteté voulues. Si vous faites une pesée de précision, ou prenez une mesure électrique, la balance et le voltmètre réagiront de la même façon quels que soient votre personnalité et votre caractère. Un courant électrique, un fragment d'intestin, une coupe histologique sont indifférents à celui qui les étudie. Certes, l'observateur peut être à l'origine de certaines erreurs. On connaît l'histoire du malheureux assistant de l'astronome Maskelyne, congédié parce que ses mesures accusaient toujours une légère différence par rapport à celles de son patron ; sa seule erreur, en réalité, était d'avoir des temps de réaction légèrement plus longs. On connaît aussi des cas, heureusement rares, de supercheries ou de malhonnêtetés, tel celui du géologue Beringer, qui tira les plus extraordinaires conclusions de la découverte de fossiles revêtus d'inscriptions en hébreu, puis dut tenter désespérément de racheter tous les exemplaires de son ouvrage lorsqu'il découvrit un fossile portant son propre nom — canular d'étudiants, ou, comme on a de bonnes raisons de le penser, sinistre piège monté par des collègues rivaux. Tel encore le cas dramatique de Kammerer, ce biologiste qui prétendait démontrer l'hérédité des caractères acquis chez le crapaud, et qui se suicida lorsqu'un chercheur sceptique, s'étant introduit dans son laboratoire, révéla le trucage : la tache à la patte du crapaud n'était pas pigmentée par l'hérédité mais par l'encre de Chine. On ignore encore aujourd'hui si Kammerer était lui-même l'auteur de ce faux, ou fut victime d'un collaborateur trop soucieux de plier les faits aux théories de son maître. Un cas analogue, hormis le tragique, eut lieu récemment en psychologie expérimentale. Un professeur américain publia les résultats d'une recherche qu'il avait confiée à ses étudiants ; l'application d'une certaine loi du conditionnement au comportement verbal s'y trouvait démontrée. D'autres chercheurs prouvèrent peu après que les étudiants avaient en fait fabriqué de toutes pièces les résultats, et ils les avaient conformés à l'attente de leur professeur. Ces erreurs sont dues aux imperfections de l'observateur humain, ou à ses défaillances morales. Mais elles n'ont rien à voir avec l'objet de l'observation, et elles sont évitables, si l'on prend soin de suppléer par des instruments fidèles aux limitations du regard ou du geste humain, et de faire de l'honnêteté une règle absolue.

Mais le psychologue, lui, joue inévitablement, par la nature même de son sujet d'étude, le rôle de variable indépendante, malheureusement difficilement contrôlable. S'il travaille sur sujets humains — que ce soit à titre d'expérimentateur, d'enquêteur, de praticien — il est membre de la même espèce que ses sujets, il est pour eux un partenaire social, plus ou moins proche, plus ou moins familier, plus ou moins accepté, craint ou respecté, pris au sérieux, importun ou ridicule. Il aborde le comportement des autres, mais ne peut mettre entre parenthèses sa propre manière d'être. Il ne peut se débarrasser de son apparence physique, ni de son sexe, ni de son âge, ni de sa voix, ni des attributs les plus subtils de sa classe sociale, de sa position professionnelle. Le sujet qu'approche un psychologue s'interroge : que me veut-il ? Et son interprétation reposera bien plus sur l'impression que lui fera le personnage que sur les intentions objectives de l'homme de science. Ceci est sensible jusque dans la situation expérimentale la plus épurée. Supposons un sujet volontaire dans une expérience de perception : il risque de réagir différemment selon que son expérimentateur sera son professeur ou son condisciple. Si nous examinons un enfant, le problème est bien plus aigu : quel enfant réagit de façon identique à tous les adultes, jeunes ou vieux, hommes ou femmes, affectueux ou autoritaires, au visage doux ou aux traits durs, souriants ou rébarbatifs ? Si nous étudions une population appartenant à une autre race que la nôtre, nous demeurerons l'étranger en dépit des précautions les plus habiles : notre physique nous trahira toujours.

Le psychologue américain R. Rosenthal a consacré récemment un ouvrage entier à l'analyse de l'influence de l'expérimentateur dans les sciences psychologiques[1]. De nombreuses expériences, dont beaucoup menées par lui-même, montrent la complexité de cette influence, et, par conséquent, les difficultés auxquelles on se heurte si l'on veut la contrôler. On soupçonne aisément, et on l'a vérifié, que des sujets masculins ne réagissent pas de la même façon à un psychologue masculin ou féminin, et inversement. Invitons le sujet, comme le fait Rosenthal, à regarder des photographies de personnages et à évaluer, sur une échelle allant de — 10 à + 10, leur degré de succès dans la vie. Les sujets féminins, mis en présence d'un expérimentateur féminin également, fournissent les évaluations les plus dépréciatives. Par contre, les jugements de succès sont les plus favorables si expérimentateur et sujet sont de sexe opposé. Si l'on accuse les expérimentateurs d'intervenir d'autre façon selon le sexe de leur sujet, ils protesteront de leur soumission absolue aux

---

[1] *Expérimenter Effects in Behavioral Research*, Appleton Century Crofst, New York, 1966. Nous empruntons à cet excellent ouvrage plusieurs des exemples qui suivent.

règles méthodologiques apprises. Mais si l'on observe les interactions entre sujet et expérimentateur en cours d'expérience, des différences apparaissent dans leur comportement: regards, sourires, attitudes ne sont pas les mêmes selon le sexe. Ainsi des expérimentateurs échangent 2,4 fois plus de regards avec leurs sujets féminins qu'avec leurs sujets masculins.

Les caractéristiques psychologiques de l'expérimentateur n'interviennent pas moins subtilement. L'anxiété se traduit généralement par un ton moins assuré de la voix, des attitudes particulières qui n'échappent pas au sujet, fût-ce inconsciemment. Le besoin d'approbation, toujours chez l'expérimentateur, entraîne une mimique plus expressive, des sourires plus fréquents, une tendance à se pencher vers son sujet. Il y a plus. Dans la recherche psychologique, non seulement la personnalité de l'expérimentateur au contact direct du sujet joue un rôle, mais aussi celle de l'expérimentateur qui dirige la recherche. Ainsi, si des étudiants avancés appartenant à des universités différentes poursuivent une même recherche sous la direction de leurs maîtres respectifs, la personnalité de ceux-ci, les caractéristiques de leur département se marqueront dans les réactions des sujets, qu'ils n'auront jamais vus!

Généralement, un psychologue attend quelque chose de la situation dans laquelle il se trouve engagé. S'il expérimente, il est parti d'une hypothèse, et serait plus satisfait de la voir vérifiée qu'infirmée. S'il examine un sujet à des fins pratiques, ses efforts d'objectivité ne l'empêcheront pas inconsciemment d'attendre tel rendement, telle réaction de son interlocuteur sur la base, par exemple, de l'impression initiale qu'il lui a faite. Toujours il niera cette attente ou en tout cas il niera qu'il puisse se laisser aller à la communiquer subrepticement à son sujet. Et pourtant, des expériences rigoureuses montrent que les expérimentateurs influencent leurs sujets dans le sens de leur espoir. Il est généralement impossible lorsqu'on observe les interactions entre expérimentateur et sujet de détecter et de définir les indices dans le comportement du premier qui ont orienté le second.

Ainsi le psychologue introduit-il de multiples distorsions, influençant son sujet par sa personnalité, le modelant parfois à son image, le faisant réagir selon ses désirs. C'est, pour une grande part, ce rôle incontrôlé joué par l'expérimentateur qui explique les fréquentes divergences entre les résultats d'expériences psychologiques en tous points comparables. C'est lui aussi qui rend quasiment impossible toute évaluation objective des diverses méthodes d'action et de traitement psychologique : le praticien, en effet, lorsqu'il décrit le déroulement du traitement, livre rarement les choses comme elles se sont réellement passées ; il les résume et les consigne telles qu'il les interprète, avec les présupposés qu'impliquent sa méthode et sa théorie. S'il fournissait de ses entretiens avec le sujet une relation intégrale, parfaitement fidèle, non seulement des paroles, mais des gestes, des mimiques, des attitudes, on verrait que souvent l'interprétation qu'il donne de la marche du traitement n'a rien de convaincant, et qu'un autre modèle explicatif s'appliquerait tout aussi bien.

On comprend aisément à quel point il est important que le psychologue ait une profonde connaissance de lui-même, soit averti des pièges que lui tend sa propre personne. Dans l'impossibilité de faire abstraction de la variable que constitue son comportement, il se doit d'en tenir compte, par conséquent de la connaître. Les écoles psychanalytiques proposent ici un modèle à suivre, en imposant comme première démarche pour pratiquer la psychanalyse d'avoir soi-même été psychanalysé.

Cette «distorsion liée à l'expérimentateur» est si envahissante dans les sciences du comportement qu'elle se rencontre même dans la recherche sur l'animal. La façon de manipuler un rat de laboratoire peut avoir des répercussions sur les résultats d'une expérience. La légende veut que certains vétérans de l'expérimentation animale prédisent les performances de leurs rats dans un labyrinthe en fonction du garçon de laboratoire qui veille à leur entretien.

L'expérimentateur craintif ou anxieux manipule ses animaux avec maladresse, voire agressivité, et les expose par le seul fait de les saisir à un *stress*, dont l'effet émotionnel interférera avec les résultats de l'expérience. Les animaux se montreront moins stables dans leur comportement, présenteront des blocages ressemblant à des «névroses expérimentales», acquerront moins vite une conduite nouvelle. Inversement, un expérimentateur qui cajole ses animaux et en fait de véritables mascottes, introduit dans la situation expérimentale des stimulations propres à compenser l'effet stressant de telle variable bien définie — l'octroi de chocs électriques par exemple.

Nous n'exagérons rien en étendant aux recherches sur l'animal le problème de la relation personnelle entre l'expérimentateur et son sujet. Des chercheurs américains ont, par exemple, démontré que le simple fait de manipuler trente minutes par jour des rates gravides rendent les jeunes moins «émotifs» que les animaux dont les mères n'avaient pas été soumises au même traitement.

Les animaux ne sont pas moins influencés que les humains par ce que l'expérimentateur attend d'eux. Tous les manuels de psychologie racontent l'histoire du cheval savant, Hans, qui intrigua les meilleurs esprits de l'époque par son aptitude à compter. Ses coups de sabot en réponse aux problèmes d'arithmétique qui lui étaient posés ne s'interrompaient pas, en réalité, au terme de ses opérations mentales, mais sur une réaction presque imperceptible de son maître. Rosenthal et Lawson ont systématiquement étudié ce phénomène dans une situation classique du laboratoire de psychologie. Une quarantaine d'étudiants furent invités, dans le cadre de travaux pratiques, à conditionner des rats à appuyer sur un levier pour obtenir leur nourriture. Leur expérience devait reproduire des expériences antérieures, montrant que des rats «intelligents» — c'est-à-dire se conditionnant rapidement dans une cage de Skinner — croisés entre eux, génération après génération, produisaient une véritable lignée pure de rats intelligents, selon les mémes critères ; pareillement bien sûr, pour les rats «bêtes». La moitié d'entre eux aurait à conditionner des sujets de la lignée «intelligents», l'autre moitié des sujets de la lignée «bêtes», lignées sélectionnées depuis des années dans le laboratoire. En réalité, la colonie de rats n'avait jamais connu pareille sélection, et les sujets de même âge et sexe furent simplement répartis au hasard dans des cages dont les unes étaient étiquetées « lignée intelligente », les autres « lignée bête ». Les étudiants par petits groupes entreprirent le conditionnement. L'expérience dura deux mois. Les rats prétendument issus de la lignée « intelligents » fournirent de meilleurs résultats que leurs confrères. Leurs expérimentateurs les jugèrent plus intelligents, plus plaisants et plus aimables. Interrogés sur leurs propres sentiments en cours d'expérience à l'aide d'un habile questionnaire, les expérimentateurs qui croyaient avoir affaire à l'élite des rongeurs se dirent plus satisfaits, plus détendus, plus enthousiastes, moins prompts à parler à leurs sujets que leurs condisciples aux prises avec les rats débiles.

Au terme de l'expérience, les étudiants furent mis au courant de tout : l'étonnement fut général. On observa une réaction particulièrement curieuse. Les expérimentateurs qui avaient conditionné les rats les moins privilégiés s'engagèrent dans d'extraordinaires démonstrations en vue de prouver que les échantillons, constitués au hasard, n'étaient pas au hasard du tout, mais que, par hasard, il s'y trouvait justement au moins *un* rat vraiment peu doué — celui qu'ils avaient eu à conditionner.

L'histoire, parfaitement authentique d'ailleurs, pourrait servir de fable, à l'intention des psychologues praticiens de toutes espèces...

Ayant pris conscience de cette importance de la personnalité du psychologue comme source d'erreurs, ne peut-on tourner le problème par quelques moyens à la fois plus simples et plus sûrs que la connaissance de soi-même, doublée de méfiance, que nous prônions tout-à-l'heure ?

Diverses solutions ont été proposées et mises en œuvre, mais elles ne s'appliquent pas à toutes les situations.

Une première précaution vise à rendre aussi rigides, aussi codifiées que possible les interventions du psychologue. C'est ainsi que les tests sont présentés au sujet à l'aide de consignes immuables, et que les procédés de cotation des réponses ne laissent place à aucune ambiguïté, donc à aucune interprétation personnelle. Cette précaution est fort utile. Il ne faut pas se cacher, cependant, que ce que l'on gagne du côté de l'expérimentateur, il advient qu'on le perde du côté du sujet. Des instructions rigides, si elles laissent peu de place à la personnalité de l'expérimentateur, ne peuvent être adaptées selon les besoins à celle du sujet. On assite parfois à de grotesques séances d'examen de populations étrangères à l'aide d'épreuves psychologiques appliquées avec une rigoureuse fidélité aux règles, mais qui demeurent, à cause de cela, totalement incompréhensibles aux destinataires.

Une seconde précaution consiste à limiter au minimum les interactions entre sujet et psychologue, en isolant le sujet, en lui fournissant les instructions indirectement (par haut-parleur, par exemple), en l'observant à son insu, en le filmant et en l'enregistrant afin de contrôler ensuite à loisir. Ces manœuvres, aisées à réaliser en laboratoire sur l'animal, ne sont pas possibles dans beaucoup de cas pratiques chez l'homme, pour des raisons de temps, de rentabilité, de déontologie. Dans certains domaines de la psychologie, on joue délibérément sur la relation interpersonnelle : il serait inconcevable de chercher à la supprimer.

Mais la précaution essentielle, à laquelle tous les psychologues devraient s'habituer, c'est de préciser et d'évaluer, dans chaque situation, la part de ces distorsions. Cela suppose que les psychologues, non seulement s'efforcent de se connaître eux-mêmes et de se juger aussi objectivement que possible, mais trouvent naturel de faire contrôler leurs interventions par leurs collègues, qui les jugeront et les confronteront avec d'autres. Un tel état d'esprit, qui, semble-t-il, devrait aller de soi, est en fait assez rare parmi les psychologues. Il implique un souci, qui fait souvent défaut, de *communicabilité* des méthodes de travail et des concepts employés. Il est trop fréquent que les psychologues, au lieu de chercher à réduire leur équation personnelle, la cultivent.

4. DES RATS ET DES HOMMES

Aux yeux du profane, pour qui la psychologie est essentiellement une science de l'homme, l'intérêt que porte une large part des psychologues modernes au comportement des animaux est un sujet d'étonnement. Faut-il voir là un préjugé philosophique d'homme de science visant à réduire l'homme à l'animal ? Ou une démission face à une tâche trop compliquée ? Ou une méprisante indifférence pour les problèmes proprement humains ?

La psychologie se fonde, en effet, sur l'observation et l'étude expérimentale d'un nombre assez limité d'espèces, ou plus exactement d'échantillons plus ou moins représentatifs de leur espèce. Personne n'a jamais procédé au recensement numérique de tous les sujets tombés dans les filets des psychologues, afin de savoir quelle catégorie vient en tête de liste. Il est certain que le rat albinos tient une place particulièrement privilégiée. Selon les époques, les pays, les écoles, la faveur va ainsi vers le chat, le chien, le pigeon, le singe inférieur ou le singe anthropoïde. L'*homo sapiens* tient une place honorable mais est représenté par certains sous-groupes qui n'engagent pas *a priori* l'espèce entière : les sujets des psychologues sont généralement occidentaux ; on y compte beaucoup d'enfants, mais peu de vieillards ; beaucoup de jeunes adultes aussi, mais d'une caste assez particulière, car il s'agit le plus souvent d'étudiants, voire d'étudiants en psychologie. Le hasard de la naissance a donné à certains êtres humains le privilège de fournir des matériaux de telle ou telle grande théorie psychologique : ainsi la bourgeoisie viennoise a servi à Freud à édifier la psychanalyse, les enfants des écoles genevoises ont permis à Piaget d'élaborer sa théorie du développement, tout comme le chien est à l'origine du pavlovisme et tout comme le behaviorisme doit aux rats ses principaux arguments.

Les grandes variations que l'on observe dans le règne vivant d'une espèce à l'autre, et, au sein d'une espèce, d'une race à l'autre, d'un sous-groupe à l'autre, d'un individu à l'autre, incitent à respecter scrupuleusement la règle suivante : toute généralisation à d'autres sujets que ceux sur lesquels a porté l'observation ou l'expérience n'a qu'une valeur d'hypothèse à vérifier, non de certitude. Nombre d'apparentes contradictions, dans la littérature psychologique, s'expliquent par des différences de population. L'appartenance génétique, l'histoire des sujets, leurs conditions actuelles d'existence rendent compte d'importantes différences dans leur comportement. Ceci n'est pas moins vrai des souris ou des chiens que des hommes. Pavlov s'étant heurté chez ses chiens conditionnés à d'irréductibles différences individuelles, a développé une typologie des types de systèmes nerveux — dont il n'a pas d'ailleurs élucidé parfaitement les racines. Prenons deux souches de souris génétiquement distinctes ; soumettons-les à un même traitement dans la petite enfance : nous les exposons quotidiennement à des stimulations *stressantes,* c'est-à-dire génératrices de réactions émotionnelles intenses, en vue d'évaluer les répercussions de ce genre d'expérience précoce sur les comportements ultérieurs. Des animaux contrôlés, appartenant aux deux souches, seront naturellement testés à l'âge adulte sans avoir subi aucun traitement particulier dans l'enfance. Les souris ayant grandi, tentons de leur apprendre à exécuter une réponse motrice simple pour éviter un choc électrique. L'expérience stressante antérieure influence nettement les performances, mais *en sens opposé* dans les deux souches : chez l'une, l'apprentissage est facilité, chez l'autre, il est rendu plus difficile [1].

Ceci n'est qu'une illustration, parmi des milliers d'autres, de l'impossibilité où nous nous trouvons de généraliser. Dans d'autres cas, des sujets génétiquement

[1] King, J.A. et Eleftheriou, B.E., Effects of early handling upon adult behavior in two subspecies of deermice, *Peromyscus maniculatus, J. comp. physiol psychol., 1959,* 52, 82-88

comparables se comporteront de façon opposée en raison d'une histoire différente. S'il est si difficile de généraliser à l'intérieur d'une même espèce, peut-on sérieusement extrapoler d'une espèce à l'autre, et notamment d'une espèce animale à l'homme? Et dans ces conditions, ne vaudrait-il pas mieux, pour les psychologues, s'occuper exclusivement de l'espèce humaine?

On se souviendra ici de ce que nous avons dit de la psychologie scientifique conçue comme une branche de la biologie. A ce titre, son domaine ne se limite nullement à la psychologie humaine. La psychologie générale ambitionne d'expliquer l'ensemble des phénomènes de comportement, et une exploration de tout le règne animal est, dans cette perspective, parfaitement légitime, même si elle n'a que peu de rapports avec les préoccupations de la psychologie appliquée. Biologiquement, les espèces se distinguent par une foule de particularités. Mais elles en partagent d'autres, qui définissent des groupes plus vastes, tels les genres ou les embranchements, ou le règne animal tout entier. Il y a donc place pour une analyse des ressemblances aussi bien que des différences. Depuis qu'est admise la continuité évolutive de la série vivante, il n'est aucune raison de penser que les processus tant psychologiques que physiologiques sont dans l'espèce humaine absolument spécifiques. Tout le problème, bien sûr, est de déterminer ce qui peut être compris de l'homme par l'étude d'organismes inférieurs, et ce qui ne peut pas l'être. Il n'y a pas de règle qui permette de faire *a priori* le partage. Il n'est que d'explorer.

Mais l'existence de points communs entre les espèces biologiques, y compris l'homme, est pour les chercheurs la plus précieuse aubaine. En effet, si l'homme était totalement original, il faudrait se contenter de spéculer sur la plupart des problèmes que l'on est amené à se poser à son sujet. Puisqu'il ne l'est pas, il est permis d'en tirer parti, et de mener sur des espèces inférieures tout le gros du travail, pour ne risquer enfin l'expérience au niveau humain qu'avec des hypothèses parfaitement claires et des techniques éprouvées. Cette manière de procéder, qui permet à la chirurgie moderne, par exemple, de réaliser ses miracles, garde toute sa valeur en psychologie. Dirait-on d'un chirurgien qui prétendrait n'opérer que sur l'homme, sous prétexte qu'il ne convient pas de ravaler une si merveilleuse créature à l'animal, qu'il est plus humain que son confrère, acharné à mettre au point des techniques sur des chiens et des chats pour tenter ensuite sur l'homme les plus grandes audaces ? Les plus passionnés d'humanité, parmi les psychologues, ne sont pas nécessairement ceux qui se refusent à parler d'autre chose que de l'homme. Ce sont ceux qui s'attachent à chercher avec obstination et qui feront, s'il le faut, le détour, peut-être long, par des espèces inférieures.

Ce serait une erreur de penser que ce que nous pouvons comprendre de l'homme à travers les animaux est, en matière de comportement, relativement marginal. La discussion d'un problème particulier illustrera l'importance des découvertes que l'on peut faire sur l'animal pour la psychologie humaine. Tous les animaux, des plus élémentaires aux plus complexes, s'adaptent au milieu à l'aide de comportements pour une part *acquis*. Les mécanismes d'apprentissage sont donc généraux. La nature et la complexité des conduites passibles d'acquisition diffèrent naturellement d'une espèce à l'autre. Deux grands modèles ont servi à décrire les phénomènes d'apprentissage. L'un est celui de Pavlov, dont les expériences classiques sur le conditionnement salivaire du chien sont dans toutes les mémoires : si l'on présente de la poudre de viande au chien, il salive ; c'est là une réaction inconditionnelle, dans ce sens qu'elle est inscrite dans l'organisation physiologique innée de l'animal préalablement à tout apprentissage. Si l'on associe la poudre de viande à un excitant quelconque, le son d'une cloche, par exemple, qui précède de quelques instants l'excitant inconditionnel, la réaction salivaire se manifestera rapidement au son de la cloche, sans attendre la poudre de viande. On aura établi ainsi une réaction conditionnelle.

L'autre modèle est celui qu'ont développé, après Thorndike, les behavioristes américains et dont Skinner a fourni l'élaboration méthodologique la plus poussée. On le désigne sous l'étiquette d'apprentissage instrumental, ou encore selon un usage de plus en plus admis aujourd'hui, ce *conditionnement opérant*. Nous en avons déjà rencontré des exemples. Le principe en est simple : l'organisme produit une *réponse* suivie d'un *renforcement ;* celui-ci accroît la probabilité d'émission de la réponse. Il n'est pas besoin de pénétrer dans le laboratoire pour vérifier l'existence de ce mécanisme, pas plus que celle du conditionnement pavlovien. Tous les parents savent que les enfants à qui l'on donne des bonbons chaque fois qu'ils font une colère font des colères de plus en plus fréquentes et consomment ainsi de plus en plus de bonbons. Une grande partie de nos comportements quotidiens peut, sans aucun doute, être ramenée à ce schéma.

Ces deux formes de conditionnement s'appliquent évidemment à l'homme, comme aux espèces inférieures. On s'est posé à leur propos de nombreuses questions théoriques. Ainsi, on s'est demandé s'il s'agissait vraiment de deux mécanismes distincts, ou d'un seul mécanisme appréhendé sous deux aspects différents. Certains ont cru que le conditionnement opérant ne concernait que la vie de relation proprement dite, — celle que traduit l'activité de notre musculature squelettique. Nos viscères, siège de notre vie dite végétative ou autonome — deux adjectifs malencontreusement entachés de présupposés interprétatifs aisés à percevoir — ne seraient conditionnables que sur le modèle pavlovien.

Le profane comprendra mieux l'importance de ce problème, à travers l'une de ses implications dans le domaine de la psychosomatique. On a longtemps considéré, dans la tradition scientifique occidentale, les organes internes tels que le foie, les intestins, le cœur, comme indépendants des niveaux supérieurs du système nerveux central. On admettait sans doute intuitivement qu'une maladie de l'estomac puisse résulter d'un excès de soucis, mais ces causes psychologiques n'étaient envisagées systématiquement ni dans l'étude de la maladie, ni dans sa thérapeutique.

L'idée est venue que les mécanismes de conditionnement pourraient peut-être expliquer certains troubles psychosomatiques. Ce sont les Soviétiques de l'école de Bykov[1], elle-même tributaire du courant pavlovien, qui

---

[1] Voir Bykov, *Le Cortex cérébral et les Organes internes,* Editions en langues étrangères, Moscou, 1952.

entreprirent de vérifier expérimentalement cette hypothèse. Ils montrèrent que des réactions viscérales pourraient aisément être conditionnées à des stimuli extéro-
ceptifs (visuels, auditifs, etc...) ou intéroceptifs (c'est-à-
dire au niveau des viscères). Prenons-en quelques exemples. Si nous faisons ingérer à un chien une quantité
d'eau inhabituelle, nous provoquons une excrétion urinaire accrue. Associons cette ingestion d'eau à un signal,
par exemple une pression sur les parois intestinales, —
que l'on exerce à l'aide d'un ballonnet gonflé d'air ou de
liquide — l'excrétion urinaire se conditionnera, c'est-à-
dire qu'elle surviendra lorsque le signal sera présenté,
sans qu'il soit suivi par l'ingestion d'eau.

Si l'on augmente la teneur en CO^2 de l'air inhalé
jusqu'à 10%, on provoque chez le chien des modifications respiratoires, et diverses réactions physiologiques. Si
nous faisons précéder cet accroissement de CO^2 d'une stimulation intéroceptive, — encore une fois, la distension
au niveau de l'intestin — toutes les réactions se mani-
festent à la seule présentation du signal.

Il est aisé, à l'aide d'une fistule gastrique, d'injecter
directement dans l'estomac d'un chien un demi-litre
d'eau salée, sans passer par la bouche et sans que, par
conséquent, l'animal ait perçu le goût de la solution. Les
mécanismes régulateurs de l'organisme ne sont heureusement pas étroitement dépendant de l'information gus-
tative : le fait de n'avoir pas goûté le sel n'empêche nullement le chien de préférer des solutions lactées à des
solutions salées ; son appétit pour le sel a donc diminué.
Si, par la même fistule gastrique, on introduit un ballonnet que l'on gonfle en y injectant un demi-litre de

liquide (peu importe qu'il soit salé cette fois puisqu'il ne sera pas absorbé par l'organisme) nous provoquons une distension stomacale analogue à celle que l'on provoquait en injectant l'eau salée. Ceci suffit à entraîner la diminution de l'appétit pour le sel : la distension de l'estomac joue le rôle de stimulation conditionnelle et les mécanismes régulateurs, extrêmement fins et complexes qui interviennent ici se révèlent conditionnables.

Ce qui vaut pour l'animal vaut aussi, dans ce cas, pour l'homme [1]. Ayrapetyants, un autre Soviétique, l'a abondamment démontré par de très belles expériences. On ne peut naturellement installer chez l'homme des fistules à seule fin d'expérimenter. Mais il se trouve des patients qui en sont munis par nécessité thérapeutique. Chez des sujets volontaires, porteurs de fistules urinaires, Ayrapetyants provoque par injection d'air ou de solution physiologique, un gonflement de la vessie. Cette stimulation inconditionnelle entraîne la miction et diverses modifications physiologiques, au niveau respiratoire, vasculaire et électrodermal notamment. Elle s'accompagne également d'une prise de conscience, le sujet étant à même de signaler verbalement son besoin d'uriner, et d'en évaluer grossièrement l'intensité. Des appareils de mesure placés devant le sujet lui permettent de lire sur des cadrans la quantité d'air injectée et la pression vésicale. L'expérimentateur dispose d'un double de ces appareils, soustrait

---

[1] On trouvera un résumé et une discussion de nombreuses expériences dans G. Razran, The observable unconscious and the inferable conscious in current soviet psychophysiology, *Psychological Review,* 1961, 68 81-147.

au regard du sujet. Dans une première phase de l'expérience, les cadrans du sujet traduisent fidèlement les opérations expérimentales. Il associe ainsi une pression élevée avec une réaction de miction, accompagnée de divers concomitants physiologiques et verbaux évoqués plus haut.

Un second temps de l'expérience démontre l'établissement du conditionnement. L'expérimentateur, à l'insu du sujet, déconnecte les appareils de contrôle dont ce dernier dispose, et il les manœuvre indépendamment des opérations qu'ils sont censés traduire. Il trompe, si l'on veut, son sujet, en affichant sur le cadran une pression élevée alors qu'en réalité elle est faible ou nulle. Le sujet n'en éprouve pas moins un intense besoin d'uriner, et l'on enregistre les corrélats habituels d'une pression *objectivement* élevée. Inversement, si les cadrans marquent une pression faible, alors qu'en réalité elle est élevée, il n'y a ni besoin d'uriner, ni corrélats physiologiques.

Lorqu'on dit que les organes de notre corps subissent l'infuence de notre psychisme, on songe souvent à des répercussions indifférenciées des états émotionnels sur l'ensemble de notre vie végétative, ou sur un système électivement atteint parce que plus fragile que les autres. Par exemple, si tel individu présente des troubles digestifs, on invoquera une prédispostition: les troubles sont digestifs, plutôt que respiratoires ou cardiaques, parce que le système digestif, chez lui, est le «point faible». Cette notion n'est sans doute pas fausse, mais il est probable aussi que très souvent, si l'on pouvait faire l'histoire détaillée de la maladie, elle s'expliquerait par un processus de conditionnement, avec ce que cela implique de précis dans l'association d'un stimulus inconditionnel à une stimulation conditionnelle. L'intérêt du modèle de conditionnement pavlovien est évident dans ce contexte et on ne peut que s'étonner qu'il n'ait pas suscité, en dehors de l'URSS, un courant de recherches systématiques.

Mais pour qu'il y ait conditionnement selon ce modèle pavlovien, — et éventuellement conditonnement d'une réaction viscérale conduisant à un dysfonctionnement, — il faut nécessairement que se présentent, à l'origine, des circonstances très particulières, à savoir la coïncidence dans le temps d'un stimulus conditionnel et d'un stimulus inconditionnel, et que, ultérieurement le stimulus inconditionnel se présente à nouveau, du moins de temps à autre, pour *renforcer* la réaction conditionnelle. Si les réactions viscérales étaient, contrairement à l'idée généralement admise par les écoles behavioristes, elles aussi passibles de conditionnement opérant, n'importe quelle réaction pourrait se trouver liée à n'importe quel renforcement, en vertu précisément du caractère arbitraire de la liaison réponse-renforcement dans le schéma du conditionnement opérant. Qu'un spasme intestinal se trouve suivi fortuitement d'une satisfaction, il se reproduirait donc dans la suite, pour procurer la même satisfaction. La diversité et la complexité des troubles fonctionnels des organes internes résultant d'un conditionnement opérant seraient théoriquement infinies.

On ne peut se servir de cette hypothèse pour interpréter des troubles psychosomatiques qu'à la condition d'avoir préalablement démontré que les réactions viscérales sont effectivement conditionnables sur le modèle opérant. Cette démonstration est très difficile à réaliser chez l'homme. Elle était, en fait, très difficile à imaginer chez l'animal, jusqu'à la toute récente réussite de Neal Miller et de ses collaborateurs [1]. Plusieurs chercheurs avaient obtenu des résultats très suggestifs, dans des expériences visant à conditionner la réaction salivaire, la réaction électrodermale ou le rythme cardiaque. Mais ils n'avaient pu écarter une objection fondamentale, à savoir que la réaction, qu'ils pensaient avoir conditionnée, n'était peut-être rien d'autre qu'un sous-produit d'une réaction de la musculature squelettique. Il est, en effet, évident que le rythme cardiaque, par exemple, peut être modifié indirectement par l'intermédiaire de la respiration. Il fallait donc s'assurer, dans les tentatives de conditionnement opérant des réponses viscérales, qu'aucune « médiation » de la musculature squelettique n'intervienne.

Le seul moyen de résoudre ce problème consiste à bloquer la musculature squelettique à l'aide de curare. Cette drogue, administrée à dose adéquate, n'entrave guère le fonctionnement du système nerveux central et n'altère pas profondément les mécanismes d'apprentissage. Il ne peut être question, naturellement, de curariser à des fins expérimentales des volontaires humains. Force est donc de recourir à l'animal. La paralysie due au curare interdit le recours à un renforcement qui exigerait, pour être

[1] Neal Miller, Experiments relevant to learning theory and psychopathology, in Actes du XVIIIe Congrès international de Psychologie, Moscou, 1966. Voir aussi les articles publiés par N. Miller, A. Carmona, J.A. Trowill et L. Di. Cara dans le *Journal of comparative and physiological Psychology,* 1967, 63, 1 à 19.

consommé, un mouvement de l'animal. Il faut par conséquent exclure l'habituel renforcement alimentaire. Par bonheur, les remarquables découvertes du psychophysiologiste américain J. Olds, en 1954, fournissent la solution. Olds a montré qu'une stimulation électrique dans certaines régions du cerveau constitue un renforcement : des animaux, et des sujets humains, travaillent — actionnent régulièrement un levier par exemple, — pour *s'autostimuler.* Quelle que soit la signification de ce que l'on a appelé de façon imagée les *centres du plaisir,* la technique est très précieuse et constitue un outil inégalé pour résoudre certaines difficultés, telles celles que rencontrait Miller. La stimulation électrique est délivrée au cerveau de l'animal à travers des électrodes implantées en permanence, et que l'on relie au stimulateur au moment de l'expérience. L'animal peut donc sans inconvénient être immobilisé et paralysé, puisque son action motrice n'est pas nécessaire. Restait à choisir une réponse dépendant du système nerveux autonome. La salivation était à écarter, car le curare provoque une salivation visqueuse, qui eût compromis le fonctionnement normal des appareils utilisés pour recueillir la salive, en mesurer le débit et la convertir en signaux électriques. D'autre part, l'animal curarisé doit être assisté par un système de respiration artificielle, qu'il eût été difficile d'adapter en même temps que les instruments de captage de la salive. Miller et ses collaborateurs se tournèrent donc vers la réponse cardiaque, aisée à enregistrer.

Sur des rats curarisés, munis d'électrodes implantées dans les centres du plaisir, ils entreprirent de conditionner le rythme cardiaque en le liant à l'autostimulation.

Chez la moitié de leurs sujets d'expérience, le *ralentissement* du rythme cardiaque était renforcé par la stimulation cérébrale; chez l'autre moitié, l'*accélération* du rythme était récompensée. En utilisant une méthode de dressage progressif familière aux expérimentateurs, ils obtinrent des conditionnements très nets, les modifications du rythme cardiaque, dans un sens comme dans l'autre, étant de l'ordre de 20% par rapport à la normale.

Ces modifications ne pouvaient résulter d'une activité musculaire au niveau de la musculature squelettique mise hors service par le curare. Des contrôles permirent de vérifier que les stimulations intracérébrales n'étaient pas à l'origine des changements cardiaques, pas plus qu'une réactivité émotionnelle générale. Des expériences ultérieures montrèrent aussi que la réponse conditionnée était bien, sélectivement, celle qu'avait choisie les expérimentateurs, et non un état général d'éveil ou de somnolence dont la réaction cardiaque n'eût été qu'un sous-produit parmi d'autres. Miller a en effet réussi à conditionner de la même façon des modifications du rythme des contractions intestinales, en démontrant leur complète indépendance par rapport au rythme cardiaque.

Un fait remarquable mérite encore d'être signalé: dans une série d'expériences de conditionnement du rythme cardiaque, près d'un tiers des sujets conditionnés pour le ralentissement du rythme moururent en cours de conditionnement, sans autre cause apparente qu'un arrêt du cœur. Aucun des sujets conditionnés pour une accélération ne connut le même destin.

Ces recherches de Miller viennent clore une vieille controverse entre théoriciens des comportements acquis.

Elles démontrent sans équivoque que des réactions très spécifiques des organes internes peuvent être contrôlées par des renforcements. Quand la solution d'un problème est trouvée, les chercheurs ne s'y attardent pas. Ils se tournent aussitôt vers les nouveaux horizons qu'elle ouvre. On dispose désormais d'un modèle explicatif qui, venant s'ajouter à celui que proposait Bykov, permet d'aborder une analyse systématique de nombreux aspects des troubles dits psychosomatiques. On devine quelles recherches expérimentales devraient être entreprises chez l'animal afin d'objectiver des dysfonctionnements viscéraux, éventuellement irréversibles, résultant de conditionnements prolongés. La grande généralité, maintes et maintes fois confirmée, des lois du conditionnement, nous assure à l'avance que les résultats de telles expériences constituent des hypothèses raisonnables pour aborder des problèmes analogues au niveau de l'homme.

On pourrait multiplier les illustrations qui montreraient comment la recherche sur l'animal fournit les fondements d'une psychologie générale, et, comme telle, d'une large part de la psychologie humaine. Ceci n'entraîne pas que l'on puisse réduire l'homme à l'animal, pas plus d'ailleurs qu'une espèce animale quelconque à une autre. Les recherches les plus approfondies sur le rat ne nous éclaireront jamais sur tous les aspects du comportement des castors. Nul ne prétend qu'elles nous éclairent complètement sur la psychologie humaine. Chaque espèce possède en propre certains comportements, qui traduisent la spécialisation biologique ou la différenciation évolutive. Le grand danger qui guette les psychologues habitués à travailler sur l'animal est de négliger les niveaux supérieurs, des conduites et les remaniements qu'ils provoquent dans la hiérarchisation et l'importance relative des différentes formes de comportement. Nous ne pouvons pleinement rendre compte de l'intelligence humaine en examinant des singes, fussent-ils supérieurs. Là où l'animal procède par essais et erreurs dans le concret, l'être humain peut procéder par essais et erreurs au niveau symbolique et intériorisé. Langage et représentation fournissent un outil exclusif permettant d'accroître la rapidité dans la découverte de la solution (l'action intériorisée étant plus économique et autorisant les «raccourcis») et d'éviter les répercussions des essais infructueux sur la suite des conduites (les actions symboliques pouvant être faites et défaites à volonté, sans conséquences). Si, singe supérieur, je grimpe sur une caisse mal assurée pour atteindre une banane, et m'effondre en me cassant un membre, je risque fort d'en rester là. Mais si, homme, j'imagine seulement mentalement la solution erronée, je puis l'écarter sans en avoir éprouvé matériellement les effets.

Mise dans la même situation, une espèce supérieure se comportera d'une façon différente d'une espèce inférieure, en ce sens qu'elle mobilisera des fonctions moins développées ou inexistantes chez l'espèce inférieure. Il est, par conséquent, de très larges secteurs de la psychologie qui sont spécifiquement humains: ainsi en va-t-il de la plus grande partie de la psychologie de l'intelligence, du langage dans ce qu'il a chez l'homme d'incommensurable avec les «langages des animaux», de la créativité, de la transmission culturelle, etc...

Remarquons cependant que nous ne pouvons discerner ce qui est spécifiquement humain que par comparaison avec les autres espèces, comme nous définissons ce qui est général parce que nous le vérifions sur des espèces diverses. Voilà qui suffirait à justifier les abondantes recherches sur l'animal, en psychologie comme ailleurs.

5. DU FAIT SCIENTIFIQUE A L'APPLICATION :
LA MESURE DES RISQUES

Nous avons discuté, dans la première partie, des difficultés qui surgissent, pour la psychologie, du fait de l'écart entre les connaissances scientifiques assurées et les innombrables exigences de l'application. Nous avions envisagé ces difficultés, essentiellement, sous l'angle des rapports entre les psychologues et leur public. Mais elles font problème à l'intérieur de la psychologie, et méritent que nous leur consacrions, de ce point de vue, quelques réflexions.

Les faits scientifiques ne servent pas seulement de matériau aux théories du comportement, ils sont souvent une source d'inspiration, ou d'arguments, dans les applications pratiques. L'homme de science est sans cesse amené à se poser la question : à quel·moment l'extrapolation de la recherche à l'application est-elle légitime ? A quel moment convient-il de la proposer et de l'encourager, à quel moment convient-il de l'empêcher ? Le problème est particulièrement délicat et important. Délicat, parce que les critères sont difficiles à définir qui permettraient de généraliser du laboratoire à l'application sans risques excessifs du point de vue de l'expérimentateur, mais sans paralyser l'action pratique. Important, parce que le passage au domaine pratique donne une expansion et des conséquences à ce qui, au départ, se présentait comme une recherche limitée et soigneusement contrôlée.

Lorsqu'on passe du contexte rigoureusement défini d'une recherche à la vie réelle, des variables nouvelles, plus ou moins nombreuses, entrent en jeu. Le danger est alors de traiter la situation pratique en négligeant ces variables nouvelles, et de la ramener, par une simplification abusive, à la situation de la recherche. Dans certains cas, certes, les conditions de l'application apparaissent suffisamment proches des conditions de l'expérience pour autoriser l'extrapolation. Par exemple, si les études de laboratoire ont permis de dégager diverses lois de la perception, on ne commettra pas d'erreur, et en tout cas on ne courra pas grand risque en les appliquant à la publicité : on jouera, avec profit, sur les bonnes formes, les contrastes, le mouvement, les groupements ou les illusions pour capter le regard. Si l'on a en laboratoire mesuré les distorsions acceptables pour qu'un message verbal demeure intelligible, on n'hésitera pas à utiliser ces données comme normes pour construire les appareils téléphoniques. Si l'on a, expérimentalement, défini le niveau d'un bruit de fond auquel l'oreille s'habitue rapidement au point que le sujet dira ne plus l'entendre, — plus exactement ne plus y prêter attention — on saura quelle limite il s'agira de ne pas dépasser lors du choix des moteurs des appareils ménagers, ventilation, conditionnement d'air, etc... Tous ces cas, outre leur simplicité, présentent le grand avantage de fournir très rapidement un contrôle de la légitimité de l'extrapolation : si la publicité ne fait pas monter le chiffre des ventes dans les quelques semaines qui suivent, on soupçonnera une erreur de technique ; si les gens n'arrivent plus à communiquer téléphoniquement, ils assailleront sans délais les responsables de leurs réclamations ; si les appareils ménagers font un bruit assourdissant, personne ne les achètera.

Mais dans la plupart des cas, les applications pratiques sont à la fois plus complexes et moins immédiatement contrôlables. Les illustrations les plus démonstratives nous sont offertes par les applications de la psychologie à l'enseignement.

Les méthodes d'apprentissage de la lecture donnent lieu, depuis plusieurs dizaines d'années, à d'inépuisables controverses. Deux grandes thèses s'opposent : celle des tenants de la méthode analytique ou phonétique, celle des défenseurs de la méthode globale. La première jouit de la faveur des conservateurs, parce que, par pur hasard peut-être, elle était en vigueur depuis des siècles dans les écoles de l'ère préscientifique. La seconde se donne pour progressiste et scientifique, et recourt, pour convaincre l'adversaire, à de multiples arguments, dont certains sont tirés de la recherche et de la théorie psychologiques. On pourrait penser qu'une querelle si persistante n'est. pas très bon signe d'un arrière-plan scientifique solide, mais l'histoire de la science est jalonnée de résistances plus tenaces et plus étonnantes aux innovations les plus justifiées. Que l'on songe à Galilée, ou, plus près de nous, au temps qu'il fallut avant que la médecine et la chirurgie n'adoptent les règles de l'hygiène et de l'asepsie. Plus inquiétant que l'irréductible passion des opposants est le caractère invérifiable de certains de leurs arguments. Les défenseurs de la méthode analytique accusent les globalistes d'être responsables d'un nombre croissant d'élèves présentant de sérieuses difficultés de lecture, se répercutant sur leur développement verbal tout entier et les handicapant dans leurs progrès scolaires. Les globalistes se défendent, prétendent qu'on leur fait jouer le rôle de bouc émissaire, que les dyslexiques sont plus nombreux aujourd'hui parce qu'on les compte, mais qu'ils existaient jadis en nombre plus élevé peut-être, et qu'en tout état de cause, il faudrait accuser, non la méthode globale, mais les applications maladroites qu'en font des maîtres mal formés, ou secrètement hostiles à son succès.

N'étant pas pédagogue, nous ne prenons pas position dans ce débat. Il nous sert seulement de prétexte à discuter le danger des arguments empruntés à la psychologie. Une réforme des méthodes d'instruction remet en question une tradition souvent très ancienne. Elle se justifie pleinement si l'on est à peu près sûr que la tradition valait moins que ce par quoi l'on veut la remplacer. Il ne suffit pas d'être convaincu affectivement que l'on a raison, il faut des certitudes de fait, car si la réforme est mauvaise, on ne le verra probablement que bien plus tard, et elle aura engagé de manière peut-être irréversible une masse impressionnante de sujets. On ne saurait trop insister par conséquent sur la distinction à faire entre le recours prudent et objectif aux arguments scientifiques et l'exploitation de faits scientifiques au service de positions irrationnelles.

Un des arguments très généraux des globalistes est le syncrétisme de la perception enfantine. Si l'enseignement doit tenir compte du fonctionnement psychologique propre à l'enfant, il est donc plus logique de lui apprendre à lire en tenant compte de ce caractère, c'est-à-dire, par la méthode globale. En fait, le syncrétisme n'avait pas été étudié dans le cadre du langage, mais bien du dessin, de la perception et des premières activités intellectuelles préparant les opérations logiques. La transposition de cette notion au domaine du langage, et spécialement de l'acquisition du langage écrit, était toute gratuite. De plus, si l'on admet généralement que le niveau d'organisation mentale de l'enfant doit toujours être pris en considération dans le choix des méthodes et des matières à lui enseigner, il reste que l'éducation vise à un continuel dépassement. Si le stade de développement de l'enfant est le meilleur tremplin pour lui faire acquérir du neuf, il faut être très attentif à ne pas aboutir à des résultats opposés, et à entretenir plus longtemps même que la nature n'aurait fait, des conduites toutes transitoires. Ce danger d'une éducation trop rigidement dépendante d'une certaine conception des stades du développement, Vigotsky, le grand psychologue soviétique, l'avait perçu de façon pénétrante dans ses travaux, interrompus prématurément, sur le développement du langage et de la pensée :

« Dans le développement de l'enfant, l'imitation et l'instruction jouent un rôle central. C'est elles qui apportent les qualités de l'esprit les plus spécifiquement humaines, et conduisent l'enfant de palier en palier. Qu'il apprenne à parler, ou qu'il apprenne une matière scolaire quelconque, l'enfant a recours à l'imitation. Ce qu'il fait aujourd'hui en coopération avec son modèle, il le fera seul demain. C'est pourquoi, la seule bonne instruction est celle qui devance le développement et le dirige; elle ne s'adresse pas tant aux fonctions qui ont déjà atteint une pleine maturité qu'à celles qui sont en train de mûrir. Il reste certes capital de préciser le niveau minimum de développement en dessous duquel il est difficile d'entreprendre, par exemple, l'acquisition des mathématiques. Mais le point d'aboutissement n'est pas moins essentiel à envisager. Toute éducation est orientée vers le futur, non vers le passé. »[1]

Il peut paraître paradoxal d'invoquer un texte comme celui-ci pour discuter le point de vue adopté par les partisans de la méthode globale, qui passent pour progressistes. En réalité, la psychologie du développement de l'enfant peut inspirer de plusieurs manières la pratique pédagogique. Si nous entreprenons d'enseigner la lecture, nous pouvons partir de l'idée que cet apprentissage doit commencer à 5 ou 6 ans, et, étudiant la psychologie particulière aux enfants de cet âge, décider d'adapter nos méthodes en conséquence. Nous aboutirons éventuellement, en accentuant le syncrétisme, à prôner le globalisme. Mais nous savons que la lecture, ultérieurement, ne pourra se ramener à une recognition de formes graphiques associées globalement aux images ou aux noms des objets. Lire, c'est avoir saisi implicitement les *correspondances* entre signes graphiques conventionnels et sons du langage, conventionnels eux aussi d'ailleurs, même si

[1] L.S. Vigotsky, « *Thought and Language* » trad. anglaise, M.I.T. Press et J. Willey, éd., New York, 1962, p. 104.

la correspondance est entachée de nombreuses irrégularités dans des orthographes comme celle du français et de l'anglais. Nous pouvons lire n'importe quel mot nouveau grâce à ce système de correspondances. Lorsqu'on prend le parti d'enseigner la lecture à l'aide de la méthode globale, on laisse de côté, momentanément, l'apprentissage systématique de ce système, auquel il faudra venir, mais que l'on ne peut envisager dès le début, la mentalité de l'enfant n'y étant pas préparée. On se verra donc forcé de développer des méthodes pour assurer les transitions du global à l'analytique, en courant toujours le risque qu'elles s'opèrent mal, et qu'il subsiste dans les stades uttérieurs des résidus indésirables des premiers apprentissages. On dira : cette façon de faire est de toute évidence la plus recommandable puisqu'elle respecte le niveau psychologique de l'enfant.

En réalité, il existe une façon bien plus simple de respecter le développement de l'enfant, tout en sauvegardant la qualité finale des apprentissages. Il suffit d'écarter d'abord la décision *a priori,* d'entamer l'apprentissage de la lecture à 5 ou 6 ans, et de partir de la question : quel est le mécanisme central qu'il faut installer fermement pour faire de bons lecteurs ? On pourrait faire l'hypothèse que ce mécanisme central doit être étroitement lié au système de correspondance signes graphiques-sons, qui est l'essence même de la   transposition écrite phonémique, et qu'un enfant apprendra le plus facilement à lire lorsqu'il sera capable de décomposer et de recomposer les mots ou syllabes en phonèmes. S'il comprend que *ba* et *be* correspondent à la fusion d'un même son *b* avec l'un des deux sons *a* ou *e*, et que *ba* et *pa* combinent un *b* ou un *p* à un même *a*, s'il est en mesure d'opérer ces décompositions et combinaisons, et qu'on lui indique le système de correspondances graphies-phonèmes (les irrégularités n'entament pas la valeur générale du système), il tient la clef du langage écrit.

Partant de cette hypothèse, A. Leroy, une chercheuse française, a pu montrer que l'âge propice auquel l'apprentissage de la lecture pourrait être abordé avec les chances les plus générales de succès se situe en moyenne vers 6 ans et demi. De ses patientes et très belles recherches sur la fusion syllabique[1], il ressort que, pour beaucoup d'élèves, cet apprentissage commence trop tôt, et que l'on gagnerait du temps, que l'on épargnerait bien des complications de tous genres, si l'on choisissait individuellement pour chaque enfant le moment le plus approprié, en se référant à son âge mental et à ses capacités particulières notamment en ce qui concerne ce mécanisme de décomposition et recomposition des syllabes. Aussitôt que cette fonction est installée, il importe de la cultiver. On ne peut mieux tenir compte du développement de l'enfant, et tout à la fois, des exigences propres aux matières à inculquer.

Des arguments plus spécifiques en faveur de la méthode globale se réfèrent à des expériences de laboratoire. On invoque fréquemment les expériences montrant, par des méthodes tachistoscopiques (exposition brève de stimuli visuels à identifier par le sujet) qu'une

---

[1] A. Leroy-Boussion, divers articles, notamment dans *Psychologie française*, 1963, 4, 259-277; *J. Psychol. normale et pathologique*, 1964, 295-312, *Neuropsychologia*, 1965, 153-173.

lettre isolée exige presque autant de temps pour être reconnue qu'un mot court, et qu'il faut deux fois plus de temps pour lire des lettres accolées sans signification qu'un nombre égal de lettres formant un mot. Ces expériences, dues à Catell, remontent à la fin du siècle dernier, ce qui n'enlève naturellement rien à leur valeur. Elles indiquent qu'un lecteur adulte ne lit pas chaque lettre en succession pour reconstituer le mot. Ceci rejoint ce que l'on sait sur la motricité oculaire durant la lecture, à savoir que l'oeil opère par sauts décalant le point de fixation 4 à 7 fois pour parcourir une ligne du texte. Mais ce phénomène est passible de plus d'une interprétation. Les partisans du globalisme en pédagogie y voient la preuve que le lecteur appréhende les mots comme des ensembles, et pensent qu'il est inutile de faire passer les enfants par une phase de lecture analytique. Mais on peut imaginer d'autres explications, par exemple, en partant des hypothèses empruntées à la théorie de l'information. Le langage étant un système hautement redondant, nous percevons correctement des messages sans avoir à déchiffrer un à un chacun des signes, en nous fiant aux probabilités séquentielles propres à notre langue. Il resterait à savoir quel mode d'apprentissage garantit la meilleure intégration de ces probabilités. A première vue, on pourrait penser que l'apprentissage analytique serait plus favorable.

Cette discussion sommaire ne peut conduire à prendre parti. Elle suffit à montrer, et c'est tout ce que nous avions en vue, que les arguments exploités ne sont pas démunis d'ambiguïté.

D'autres applications pédagogiques sont en passe de prendre le relais de la méthode globale comme thème de controverses passionnées : on pourrait citer la réforme de l'enseignement des mathématiques, qui suscite des oppositions violentes parmi les éducateurs comme parmi les mathématiciens ; on pourrait citer l'enseignement programmé. Quelques remarques au sujet de ce dernier éclaireront plus avant les difficultés de l'extrapolation du laboratoire à l'application pédagogique.

L'enseignement programmé est une innovation encore toute récente. On parle souvent plus volontiers de *machines à enseigner*, mais cette étiquette entretient des malentendus assez graves. Elle laisse à penser que l'essentiel de cette méthode d'instruction réside en ce qu'elle dispense le savoir à l'aide d'une machine ; dès lors tout ce dont on aurait besoin c'est d'un bon spécialiste capable de construire de bonnes machines. On ne voit plus là matière à psychologie ou à psycho-pédagogie, mais matière à travail d'ingénieur. On parlera de *cybernétique à l'école*. Or, les principes qui se trouvent à la base de l'enseignement programmé sont strictement d'ordre psychologique, comme nous le verrons dans un instant. Leur mise en œuvre peut, mais non nécessairement, se réaliser à l'aide « de machines à enseigner » plus ou moins complexes. Et les ingénieurs ont fait quelques contributions utiles, mais au titre d'auxiliaires techniques. Quelle que soit la richesse des moyens technologiques mis en œuvre, l'enseignement programmé est affaire de *comportement*, non d'électronique. Les cybernéticiens peuvent aider les psychologues, ils ne peuvent s'y substituer, pas plus que l'on admettrait que les fabricants d'appareils pour salle d'opérations se substituent aux chirurgiens.

C'est à B. F. Skinner, l'un des chefs de file du behaviorisme américain, spécialiste du conditionnement opérant, que l'on doit d'avoir formulé de la façon la plus nette et la plus compléte les principes de base, et de les avoir étayés d'arguments expérimentaux solides. Les travaux de laboratoire, pour la plupart menés sur l'animal, avaient amené Skinner à penser que les acquisitions les plus complexes et les plus solides sont favorisées si les conditions suivantes sont remplies :

1) Le sujet ne doit pas être seulement exposé à des stimuli, il doit fournir des réponses, car quoi que nous apprenions, ce sont des nouvelles réponses que nous apprenons, et nous ne sommes jamais sûrs qu'un stimulus laisse une trace dans l'organisme que si une réponse en laisse témoignage.

2) Les réponses doivent être placées sous contrôle d'un renforcement qui favorise leur acquisition et leur persistance.

3) Les réponses complexes ne peuvent être mieux acquises que si on les modèle progressivement. Les conditions d'apprentissage peuvent être améliorées de telle sorte que le sujet y parvienne sans avoir commis aucune erreur.

4) Chaque sujet doit pouvoir acquérir un comportement nouveau au rythme qui lui convient : ceci est le corollaire du primat de la réponse *produite* par le sujet.

L'examen d'une classe traditionnelle, même dirigée par un maître remarquable, fût-il chaud partisan des méthodes actives, montrerait que ces principes sont loin de dominer la pédagogie, soit parce qu'on les néglige, soit par nécessité, la structure même de la classe, le nombre des élèves, etc... y faisant obstacle.

L'enseignement programmé vise simplement à inculquer une matière scolaire en respectant scrupuleusement ces principes. Pour ce faire, la matière est découpée en fragments, soigneusement étudiés, auxquels l'élève doit répondre — par exemple en remplissant un vide dans un énoncé, ou en choisissant l'une de plusieurs réponses.

L'élève est informé aussitôt de la qualité de sa réponse. Les fragments de la matière programmée peuvent être calculés de telle sorte que l'élève, étant donné une formation antérieure définie, ne fasse aucune erreur. C'est la formule généralement adoptée dans les applications s'inspirant directement de Skinner. D'autres types de programmes, inspirés de Crowder, font place à des erreurs, qu'ils exploitent pour détecter des notions mal comprises, et revenir en arrière, s'il le faut, pour les corriger.

Une discussion critique approfondie de tous les arguments invoqués pour ou contre l'enseignement programmé dépasserait notre propos. Bornons-nous à cet aspect important des programmes skinneriens que constitue l'élimination des erreurs en cours d'apprentissage. Cette ambition se réfère à des données expérimentales[1].

'Alors que le parti, pris par Crowder de tolérer les erreurs et de les exploiter dans l'instruction ne se fonde que sur une intuition pédago-

Terrace, dans une série de belles expériences, a démontré, chez l'animal, la possibilité d'apprendre une discrimination même assez complexe sans avoir jamais commis d'erreur, c'est-à-dire sans avoir jamais fourni de réponse en présence du stimulus négatif. Supposons que l'on veuille établir une discrimination entre le rouge et le vert. On délivrera un renforcement pour toute réponse en présence du stimulus rouge. Les réponses en présence du stimulus vert ne seront jamais renforcées. Généralement, on parvient à une discrimination satisfaisante en conditionnant d'abord le sujet en présence du rouge, puis en introduisant le stimulus vert, lequel, à l'origine, par un mécanisme de généralisation du stimulus, donnera lieu à des réponses, réponses que l'on peut appeler des *erreurs.* Peu à peu, l'animal faisant l'expérience de leur inutilité, ces erreurs sont éliminées. En introduisant le stimulus négatif, dans notre exemple le vert, d'une manière très progressive, on parvient à obtenir une discrimination parfaite sans que, jamais le sujet ait commis d'erreur. Les discriminations acquises sans erreurs se montrent à certains égards plus stables, plus solides, plus résistantes à diverses manœuvres que les discriminations acquises avec erreurs.

Ces expériences, d'un très grand intérêt théorique pour la psychologie de l'apprentissage, autorisent-elles, sans autres, une extrapolation pédagogique, et est-on en droit de construire une instruction sans erreurs ? Rien n'interdit de tenter des expériences pédagogiques soigneuse-

gique générale, et sur la difficulté pratique de supprimer toutes les erreurs, du moins de manière expéditive.

ment contrôlées mais il importe d'être attentif à plusieurs questions fondamentales qui demeurent ouvertes. Tentons d'en préciser quelques-unes.

Il est clair, en premier lieu, que les apprentissages sans erreurs sont le fruit d'un aménagement très minutieux de l'environnement dans des conditions de laboratoire. C'est si vrai, que, même en laboratoire, faute d'avoir réalisé antérieurement cet aménagement, on avait construit les théories de l'apprentissage sans envisager la possibilité de ces acquisitions sans erreurs. Rien n'empêche, dira-t-on, d'aménager la situation pédagogique avec la perfection d'une situation de laboratoire. Mais on ne peut songer à aménager de la sorte toute la vie réelle. Qu'adviendra-t-il du sujet lorsqu'il aura à s'adapter à un univers infiniment moins cohérent que celui de ses programmes d'instruction? Sera-t-il mieux ou moins bien armé que s'il avait subi une autre forme d'influence pédagogique?

Les apprentissages réalisés sans erreurs en laboratoire frappent par leur remarquable stabilité. Mais on ignore si, en dirigeant de façon aussi stricte les acquisitions, on ne rétrécit pas l'éventail des conduites diversifiées qui permettront de faire face aux situations nouvelles et non aménagées pour être maîtrisées sans erreurs. Dans l'évolution actuelle de notre société, l'instruction ne peut se borner à communiquer un savoir, qui sera dépassé demain; elle doit viser à équiper l'élève d'attitudes et de méthodes généralisables aux situations les plus diverses, et qui le rendent apte à résoudre des problèmes sans cesse nouveaux. Tout le monde est d'accord sur ce but, mais non sur les branches d'enseignement ni les méthodes d'instruction les plus appropriées pour y atteindre.

Pour ou contre le latin? Les arguments, dans les deux sens, sont nombreux; les preuves pratiquement inexistantes. Pour ou contre l'apprentissage sans erreurs? L'incertitude est la même. Il faut expérimenter, ici comme là, et n'engager d'importants changements que si l'expérimentation les dicte.

A côté de la plasticité adaptive générale de l'organisme, l'apprentissage sans erreurs soulève le problème de l'échec. L'échec est-il inutile et convient-il de l'éliminer, ou au contraire, de le cultiver en le contrôlant? Les expériences sur l'animal fournissent déjà certaines indications sur le rôle des « erreurs » dans les apprentissages discriminatifs: elles semblent rendre l'organisme plus tolérant à la frustration. Or, il paraît raisonnable de penser que, face à des problèmes nouveaux, ou imprévus, l'organisme doit s'accommoder de quelques échecs, avant d'atteindre la solution. Il importe donc de l'entraîner à traverser ces échecs sans abandonner la tâche et sans s'engager dans des conduites désordonnées.

Les échecs pourraient d'ailleurs, chez l'homme, revêtir une importance toute particulière. Le grand psychologue genevois, Claparède, pensait que les prises de conscience germent lorsque la réalité oppose quelque résistance, lorsque les actions se trouvent entravées par une difficulté. Les prises de conscience, et les verbalisations qui les accompagnent, sont inhérentes à toute activité intellectuelle d'un certain niveau. En dehors d'elles, toute pensée formelle est naturellement inconcevable. Si l'idée de Claparède est correcte, l'échec jouerait un rôle capital dans la formation de l'intelligence. Ici encore, seule l'expérience tranchera. Il conviendrait de comparer le déroulement d'un apprentissage impliquant la découverte d'une règle selon des procédures éliminant ou acceptant les erreurs, et de voir à quel moment les sujets de l'un et l'autre groupe se montrent capables de formuler la règle.

Enfin, l'être humain se montre capable de deux types de conduites nouvelles. Ou bien il acquiert des conduites qui existent avant lui et en dehors de lui, dont on peut dresser l'inventaire. Il est, théoriquement du moins, possible d'aménager le milieu de façon à transmettre ces conduites sans erreurs. Ou bien il acquiert des comportements entièrement originaux, il innove, il découvre. Il n'est pas possible de transmettre, à plus forte raison de transmettre sans erreurs, ce qui n'est pas connu. Comment peut-on préparer l'individu à innover et à découvrir? Ici encore, il n'est pas exclu que les erreurs et les échecs qu'elles infligent contribuent aux restructurations d'où émergent les comportements originaux. Dans quelle mesure ce que nous créons est-il lié à ce que nous avons appris, et à la façon dont nous l'avons appris, voilà une question encore tout à fait mystérieuse. Avant de généraliser des méthodes d'apprentissage nouvelles, il serait utile d'y avoir répondu, car c'est la créativité qui est en jeu, et à travers elle, qui sait, l'humanité même?

Comme le soulignait Rey[1], « il y aurait une psychologie de l'apprentissage, et une psychologie de la découverte.

[1]On trouvera chez A. Rey une des premières et des meilleures discussions en français des problèmes que pose l'apprentissage programmé (*La Connaissance de l'Individu par les Tests*, Dessart, Bruxelles, 1963, p. 182 sqq.). D'autre part, le lecteur qui souhaiterait approfondir les prin-

Cela tiendrait au fait que, dans l'apprentissage, on sait ce qu'il faut apprendre et qu'on peut disposer rigoureusement les données pour que la construction s'érige selon une progression sans accroc, tandis que dans la découverte il faut essayer, varier, échouer, reprendre, parce que le réel n'est pas disposé d'une façon favorable à une lecture cohérente faite de proche en proche ».

On le voit, les applications fondées sur des découvertes de la psychologie comportent des risques, aussi longtemps que les problèmes soulevés n'ont pas trouvé éclaircissement. Il faut mesurer ces risques, et retarder l'application si l'honnêteté l'exige. Ce dont la psychologie a besoin — et la société qui peut tirer profit de ses progrès — ce n'est pas de réformateurs ou de prophètes, ni de traditionnalistes obstinés, opposant leurs croyances et leurs doctrines ; c'est de chercheurs probes, audacieux dans l'expérimentation, mais scrupuleusement prudents dans les applications.

cipes de base de l'enseignement programmé, dans un langage accessible au non-spécialiste, se reportera à l'ouvrage de B.F. Skinner, *The Technology of teaching,* New-York, Appleton Century Crofts, 1967, dont une traduction est en préparation dans la présente collection.

CHAPITRE III

PSYCHOLOGIE ET MEDECINE

1. NORME MEDICALE ET NORME PSYCHOLOGIQUE: UNE DISTINCTION FONDAMENTALE

Comme tous les faux problèmes, celui des relations entre psychologie et médecine est tenace. Comme tous les faux problèmes, il apparaît insoluble, parce qu'il s'alimente de toutes sortes d'éléments parasites.

J'ai hésité avant d'introduire dans cet ouvrage les quelques réflexions qui suivent. Je ne m'attends pas à ce qu'elles entraînent l'adhésion inconditionnelle ni des psychologues, ni des médecins. Je ne prétends pas qu'elles aboutissent à une solution générale, également acceptable sur le plan scientifique et sur le plan pratique. Je ne vise à rien d'autre qu'à éclairer quelques données du problème et à indiquer des directives possibles pour le résoudre. Je m'expose, j'en suis conscient, à des objections, notamment sur mon droit ou ma compétence à discuter ce genre de questions. Appartient-il, en effet, à un professeur de psychologie expérimentale de se prononcer dans un débat qui ne concerne pas les gens de laboratoire, mais les praticiens? On m'accusera de ne pouvoir juger, regardant les choses de l'extérieur, sans y être vraiment impliqué. Je me justifierai en disant que, au contraire, ma qualité de spectateur, si elle m'expose à certaines erreurs de jugement, m'assure d'un recul précieux.

On m'en voudra peut-être de porter devant un public non spécialisé une discussion dans laquelle il n'est pas possible de masquer certains conflits. Pas plus qu'il n'est utile de donner une image simplifiée d'une science, il n'est souhaitable de donner une image idéalisée de ses conditions d'application. Beaucoup de décisions concernant l'avenir de la médecine, de l'éducation ou de la psychologie sont aujourd'hui entre les mains de personnes étrangères à ces spécialités. Il importe qu'elles soient informées, et avec elles le public qui supporte les décisions, directement ou indirectement, par son appui politique, son accord d'opinion, ses deniers, et qui, en tout état de cause, en subit les conséquences.

Les relations entre médecine et psychologie n'ont nulle part, dans nos pays, reçu de solution générale satisfaisante. Les solutions varient au gré des circonstances locales, et notamment des caractères dans lesquels s'incarnent les deux disciplines. C'est dire que les avis que nous hasarderons, les exemples que nous choisirons seront toujours controuvés par quelques exceptions.

Dans tous les domaines de la science, les barrières entre disciplines tombent peu à peu, devant la nécessité de coordonner les techniques et les savoirs dans le travail interdisciplinaire. Lorsqu'il s'agit de recherche scientifique sans aucun aspect *appliqué,* médecins et psychologues sont fréquemment amenés à collaborer, et généralement cette collaboration ne pose aucun problème. Dans beaucoup de cas, il s'agit de travaux de laboratoire, réunissant par exemple psychologues et pharmacologues pour l'étude des effets des substances médicamenteuses sur le comportement, ou psychologues et biochimistes pour l'étude des substrats biochimiques de l'apprentissage et de la mémoire. Les sujets sont des animaux et le médecin-pharmacologue ou biochimiste a renoncé au contact des malades pour devenir un spécialiste d'une science expérimentale importante dans la formation médicale, mais nullement réservée aux médecins. Souvent le spécialiste associé au psychologue est venu à sa spécialité par d'autres voies que la formation clinique.

Dans d'autres cas, la recherche psychologique où médecins et psychologues se trouvent réunis porte sur des sujets humains, et plus spécifiquement sur des malades. On se demandera par exemple si, chez les vieillards atteints de démence sénile, les opérations intellectuelles se désagrègent dans l'ordre inverse à celui de leur développement chez l'enfant, ou quels sont les caractères qui distinguent le langage des schizophrènes du langage des normaux, etc... De telles recherches sont entrées dans les moeurs depuis plus d'un siècle. Les médecins y apportent d'autant plus volontiers leur concours qu'ils y trouvent, à côté de l'intérêt scientifique, une occasion de mieux connaître telle ou telle catégorie de malades. Au contact du psychologue chercheur, ils reconnaissent rapidement à ce dernier une compétence qui leur fait défaut — à moins qu'ils n'aient ajouté à leur formation médicale une formation psychologique poussée — dans le maniement des techniques d'étude du comportement. On trouve encore ici et là une réticence du médecin à accorder au psychologue l'accès à ses malades dans un but strict de recherche. Il peut s'appuyer sur le souci de protéger ses malades contre une manipulation qui, pour être scientifique, ne met pas pour autant à l'abri de certains dangers : excès de fatigue, anxiété, etc... préjudiciables à la guérison. De telles objections ne sont pas fondées si l'on est en présence d'un psychologue sérieux, car il les aura prévenues en évitant de proposer toute recherche susceptible de leur prêter flanc. Elle ne sont souvent invoquées que comme prétexte, car le même médecin ne s'opposera pas à ce que d'autres types de recherches scientifiques soient entreprises sur ses malades, y compris des explorations de médicaments nouveaux, infiniment plus hasardeuses que des études de comportement. Dans ce cas, la réticence médicale ne trouve d'autre explication que le souci de conserver l'exclusivité absolue de l'approche du malade, comme si la présence occasionnelle du chercheur psychologue constituait une violation de territorialité. Cette attitude, fort heureusement, est de plus en plus rare, et notre propre expérience nous confirme que les médecins d'aujourd'hui son très largement ouverts à la coopération scientifique avec les psychologues.

Passons à présent aux domaines d'application. Ici les choses sont plus compliquées. S'y enchevêtrent des questions de conceptions de l'intervention psychologique, — elles-mêmes liées d'ailleurs à des conceptions normatives de l'homme, — des questions de compétence, des questions de préséance, et, il faut bien le dire, des questions d'intérêt. Si nous voulons y voir clair, il nous faut sérier ces questions, sans jamais perdre de vue que la réalité ne les dissocie pas, et nous replonge par conséquent dans la confusion.

Une première mise au point s'impose concernant la nature de l'intervention du psychologue comparée à celle du médecin. Le médecin prononce des diagnostics et prend la responsabilité des traitements. Le caractère le plus spécifique de sa fonction réside dans l'art de guérir, dans *l'acte thérapeutique.* Pour qui croirait à l'indépendance entre l'esprit et le corps, le champ de travail du médecin se limiterait sans difficulté à des interventions organiques sur des maladies organiques. Mais plus personne ne soutient aujourd'hui cette indépendance, et *l'acte thérapeutique* que le patient sollicite porte très souvent sur des symptômes psychologiques qui apparaissent tantôt comme des effets ou des corrélats de troubles organiques, mais tantôt aussi comme des causes. Viser à guérir suppose naturellement que l'on tienne l'individu pour malade. Et il faut donner alors une définition du malade. On peut en proposer trois, qui diffèrent en généralité.

La première proclame que tout homme bien portant est un malade qui s'ignore. Prise à la lettre, elle pathologise toute l'humanité. N'importe qui, franchissant la porte d'un cabinet médical sera, dans cette perspective, un homme à guérir, et il sera toujours possible, par quelque biais, d'instaurer un traitement de quelque chose. Les problèmes psychologiques n'échappent pas à cette pathologisation générale. Tout le monde est déséquilibré, y compris les gens qui se croient équilibrés — le plus subtil des déséquilibres. La conclusion de ce point de vue est claire : puisque toutes les affaires psychologiques sont des affaires de malades, et que les affaires de malades sont des affaires de médecins, toutes les affaires psychologiques sont des affaires de médecins. Cette conception, proche parente de celle du docteur Knock — et qui n'est jamais celle de la médecine sérieuse, ce qui ne veut pas dire qu'elle n'existe pas — ne laisse pas de place aux psychologues, ou si peu qu'il ne vaudrait plus la peine d'en former.

Une seconde définition du malade, plus modérée, mais toute pragmatique, se formulerait ainsi : toute personne consultant un médecin s'affirme par là même malade, et le médecin doit la traiter comme telle, au départ du moins. Les problèmes psychologiques ne peuvent être traités à part, et le médecin doit garder la responsabilité globale de son patient, même si les problèmes psychologiques étaient seuls en cause. S'il détient la compétence pour aborder des problèmes psychologiques, il n'y a rien à redire, mais nous reviendrons plus loin sur la définition de la compétence en pareille matière.

Enfin, on peut définir le malade comme l'individu présentant, à quelque égard que ce soit, un écart par rapport à une norme fonctionnelle ou structurale admise. C'est la position la plus sûre : elle préserve de parler de maladie à propos de tout et de rien. Elle conduit à admettre, dans le domaine organique d'abord, quantité de variations individuelles qui n'appellent aucun traitement particulier. Passant au domaine psychique, où la notion de maladie est infiniment plus complexe qu'au niveau organique, elle réserve avec prudence la possibilité de multiples modalités de comportement qu'il serait vain d'évaluer par référence à une notion de santé. Disons encore que le médecin, quelle que soit d'ailleurs sa « philosophie de la maladie », lorsqu'il estime devoir traiter comme morbides des aspects psychologiques, peut être amené à agir soit organiquement, — le plus souvent aujourd'hui par la voie médicamenteuse — soit psychologiquement. Dans ce cas, il s'engage dans l'application de méthodes de *psychothérapie,* méthodes qui supposent une compétence particulière, et qui impliquent que l'on considère comme malades ceux que l'on y soumet, sans quoi le terme de *thérapie* serait inadéquat.

Résumons ces remarques. Le médecin agit donc essentiellement en utilisant une norme de référence santé-maladie, et en instaurant un traitement, c'est-à-dire un moyen de ramener de la *santé* un individu *malade.*

L'intervention du psychologue, dans son ensemble, diffère profondément, dans la plupart des cas[1], de celle du médecin. La référence normative du psychologue n'est pas l'opposition santé-maladie. Elle est, selon les cas, une norme pragmatique définie par la question précise qu'on lui pose, ou bien ce que l'on pourrait appeler une norme culturelle, ou éducative, et cette norme, nous l'avons vu dans la première partie, se ramène toujours en dernière analyse à une norme éthique. Quelques exemples montreront mieux la distinction à faire. Nous les choisirons

---

[1] Nous faisons d'emblée cette réserve, parce que dans certains cas, elle s'en rapproche très étroitement : lorsque le psychologue se spécialise dans la psychopathologie, il devient un collaborateur du médecin, et nous verrons comment on peut envisager alors leur relation.

d'abord très éloignés de la situation médicale, pour prendre ensuite des cas qui, à première vue, s'en rapprochent mais continuent en fait à s'en distinguer.

Le psychologue chargé par une entreprise d'opérer la sélection du personnel à l'embauche, en vue de garantir la productivité immédiate maximum, met ses techniques au service d'un but qu'il estime compatible avec sa déontologie. Il entreprend à cette fin un examen plus ou moins étendu de la personnalité des candidats, qu'il aurait tort d'appeler un diagnostic, puisque personne ne songe à introduire dans ce genre de situation une notion de maladie.

Il n'intervient pas non plus pour modifier les candidats, car on ne lui demande rien d'autre que de trier les meilleurs. Le même psychologue d'industrie sera appelé, à d'autres occasions, à résoudre des problèmes d'adaptation de la machine à l'homme. Il obéira encore à des impératifs de productivité, qu'il cherchera à concilier, éventuellement, avec le souci de fournir au travailleur le maximum de satisfaction dans son travail — souci qui lui vient, répétons-le, non de sa science mais de sa morale. Il sera amené à modifier les machines, mais aussi à modifier l'homme, et son intervention ne se limitera plus, dès lors, à un constat, elle comportera une action sur l'individu, en vue de transformer ses attitudes devant tel type de travail, de tirer meilleur parti de ses attitudes, ou de le doter de connaissances nouvelles. Une telle intervention tient de la formation, de l'éducation, de l'apprentissage : jamais, on ne l'appellera un traitement. En effet, on ne l'entreprend pas parce que les travailleurs seraient réputés *malades,* mais dans le seul but de les rendre plus aptes à des exigences de productivité. Cela n'aurait aucun sens de les dire *anormaux* par rapport à ces exigences, comme cela n'aurait aucun sens de dire de quelqu'un qui ne fait pas de la chasse sous-marine qu'il est malade.

En d'autres occasions encore, le psychologue d'industrie sera appelé à s'occuper des relations entre les différents membres de l'entreprise, entre les divers niveaux de son organisation hiérarchique, entre les sous-groupes spécialisés. Il rencontrera alors des problèmes de communication entre individus et entre groupes, et inévitablement des conflits. Toujours avec une certaine idée de ce que devraient être les relations humaines dans son entreprise pour satisfaire aux exigences combinées du rendement et de la morale, il se donnera pour tâche d'améliorer les communications et de résoudre les conflits. Tous les moyens en sa possession et relevant de sa science pourront être mis en oeuvre à cette fin. Il pourra, après examen des personnes et de leurs interactions, proposer de déplacer tel individu d'un poste à un autre, de scinder un groupe trop vaste en un sous-groupe plus cohérent, de modifier les locaux de travail, de transformer les attitudes de certaines personnes et de certains groupes. Dirat-on qu'en faisant tout cela, il instaure un traitement ? Evidemment non, à moins que l'on ne considère tous les conflits interindividuels, toutes les difficultés de communication et tous les problèmes d'adaptation à des situations inhabituelles, comme des symptômes de maladie. Mais si l'on admet que des conditions de milieu nouvelles entraînent toujours un déséquilibre, que redressera plus ou moins parfaitement et plus ou moins rapidement l'ajustement de l'individu ou du groupe, l'action psychologique qu'entreprendra notre psychologue industriel sera *psycho-éducative,* au sens large du terme, mais non *psycho-thérapeutique.*

Ces exemples ont été à dessein choisis dans un domaine où le problème des relations entre médecine et psychologie ne se pose même pas, la compétence du psychologue y étant reconnue sans ambiguïté et le médecin n'y prétendant à aucune prérogative. Envisageons maintenant le cas du psychologue scolaire, attaché à une institution ou indépendant. Il est consulté, à l'initiative des maîtres ou des parents, pour des difficultés scolaires de tout genre, et pour des difficultés au sein de la famille, en dehors de l'école. S'il fait son métier convenablement, il songera toujours, quel que soit le problème posé, à l'influence possible de facteurs organiques, et s'assurera qu'un examen médical sérieux ait précisé ou écarté la part de tels facteurs. Il y a ici une première forme de coopération, tout à fait essentielle, entre médecin et psychologue, qui ne suppose naturellement aucune relation de subordination de l'un à l'autre. Dans la plupart des cas, l'enfant sera sain physiquement, et le psychologue endossera la pleine responsabilité du cas. Quel genre de problème va-t-il rencontrer en procédant à l'examen psychologique? Ils seront très variés. Tantôt il s'agira d'un problème d'aptitude particulière ou de niveau général: l'enfant aura été placé face à des tâches qui dépassent ses moyens. Tantôt il s'agira d'un problème de retard, l'enfant ayant été victime d'un handicap — absence accidentelle de l'école à un moment particulièrement important d'un enseignement, circonstances familiales ayant entraîné un relâchement dans les surveillances ou des préoccupations absorbantes chez l'enfant, difficultés de relation avec ses maîtres, influence négative d'un camarade, forçage prématuré, etc... Tantôt il s'agira d'une difficulté élective dans l'acquisition d'une matière scolaire : difficulté d'apprentissage de la lecture ou de l'arithmétique. Dans tous ces cas, qui ne sont que des échantillons des multiples problèmes possibles, nous n'allons pas parler de *maladies,* mais d'erreurs ou de déficits éducatifs. L'intelligence moyenne de l'enfant ne ferait pas problème si le milieu ne lui imposait pas d'excessives exigences ; une absence n'aurait pas de suites fâcheuses si le système scolaire prévoyait un « rattrapage » adéquat ; les apprentissages scolaires auraient suivi leur cours normal si les parents trop ambitieux n'avaient forcé le cerveau trop jeune en avançant le début de la scolarité, etc... Toutes ces difficultés, le psychologue ne se contentera pas de les constater, il devra les résoudre ou, si l'on veut, les traiter — mais le traitement sera psycho-éducatif, non psychothérapeutique, car il visera à redresser des accidents de l'éducation, non à guérir une maladie. Les méthodes employées seront d'ordre psychologique : elles iront de l'exercice didactique individuel à l'exploitation de l'expression ludique, artistique ou dramatique, en passant par l'entretien, les conseils aux parents, la dynamique de groupe, etc...

Il vaudrait mieux, à propos de tels cas, ne jamais parler de psychothérapie car le terme prête à malentendu, dans la mesure où il évoque la notion de maladie à guérir. Le psychologue est de toute évidence habilité à endosser la responsabilité entière de ces cas — sous réserve de la précaution soulignée plus haut d'un examen médical —, tant en vertu de leur nature, que des méthodes d'exploration et d'action qui leur sont appliquées. Ils sont naturellement étrangers à la compétence du médecin d'enfant, qui ne songera généralement pas à se les réserver. Au contraire, il lui arrivera souvent de renvoyer au psychologue un enfant dont le cas lui aura été soumis par des parents trop prompts à mettre sur le compte de la maladie les difficultés éducatives qu'ils ne parviennent pas à maîtriser. Ils ne relèvent pas non plus de la compétence du neuropsychiatre d'enfant, à moins que celui-ci ne se double d'un psychologue à part entière, et même alors, il nous paraît dangereux de faire passer pour pathologiques les multiples problèmes d'éducation familiale ou scolaire qui se posent dans notre civilisation : c'est habituer à les aborder dans une perspective qui risque d'entamer le sens des responsabilités, sans lequel une culture humaine ne peut survivre. La *pathologisation* injustifiée comporte aussi un autre risque, du point de vue de l'enfant notamment : celui d'entourer le problème d'une inutile dramatisation.

La tâche du psychologue est de même nature lorsqu'il est appelé à donner des conseils d'orientation professionnelle, à résoudre des difficultés conjugales, à aider un adulte à traverser une période de crise, etc... Si les interventions sont étiquetées *psychothérapie,* — encore une fois ce terme est inapproprié ici — on ne peut en tirer les conclusions qu'elles concernent des maladies, et encore, moins, qu'elles devraient être réservées à des médecins. Il faudrait alors exiger un diplôme d'études médicales de tous les ecclésiastiques qui pratiquent des activités pastorales, de tous les professeurs qui marquent leur sollicitude à des élèves en difficultés, de chaque homme bienveillant qui écoute un ami vider son coeur. Tous en effet exercent une action psychologique sur leurs semblables, dans des circonstances qui ne diffèrent pas essentiellement de celles qui conduisent chez le psychologue. Ce dernier détient simplement sur eux un double avantage : il aborde les problèmes avec des techniques plus élaborées, éventuellement plus efficaces, et il est revêtu d'un rôle socialement reconnu qui confère par avance à ses avis une plus grande autorité.

2. LE PSYCHOLOGUE AUX COTES DU MEDECIN

Il nous reste à envisager les interventions du psychologue dans des cas qui relèvent de la pathologie. C'est en fait dans ces cas que se pose le problème des relations entre psychologue et médecins. Autant les psychologues doivent être fermes et intransigeants lorsqu'il s'agit de défendre l'idée que les innombrables problèmes de relations interindividuelles et de personnalité ne peuvent se réduire à une pathologie, autant, pensons-nous, ils doivent savoir tenir modestement leur place, aux côtés du médecin, dans une formule de collaboration que nous essayerons de préciser plus loin, dans les cas où la responsabilité médicale est évidente.

Partons des cas les plus simples, ceux dans lesquels une maladie organique bien définie entraîne des conséquences au niveau du comportement. Un enfant sourd pose toutes sortes de problèmes pathologiques : de développement intellectuel, de communication avec l'entourage, d'équilibre affectif, d'adaptation sociale et professionnelle, etc... Un déficient mental profond exige des mesures spéciales d'éducation qui seront dictées par les quelques maigres capacités qu'il présenterait, le milieu familial, les réactions caractérielles. Un accidenté souffrira de troubles physiques ou psychologiques, qui laisseront des traces peut-être définitives, entraîneront une invalidité professionnelle, et exigeront un reclassement. Un malade atteint d'une affection dégénératrice du système nerveux présente des détériorations psychologiques, par exemple sa mémoire est diminuée, sa fatigabilité augmentée, ses coordinations motrices perturbées, son niveau intellectuel abaissé, etc...

De tels cas, naturellement, relèvent du médecin, car les problèmes psychologiques qu'ils soulèvent ne découlent pas au premier chef des relations avec l'entourage, ni d'exigences particulières d'un milieu socio-culturel. Ils sont la conséquence directe de l'atteinte organique. Ils exigent un diagnostic et une thérapeutique médicale : une médication sédative peut modifier le caractère du déficient mental et le rendre plus maniable éducativement ; une prothèse adéquate peut améliorer l'audition du sourd ; une intervention chirurgicale peut améliorer l'état du traumatisé. Le psychologue sera appelé à préciser cette part du diagnostic qui concerne plus spécialement les aspects psychologiques. Rompu à des techniques auxquelles le médecin n'est pas formé, il pratiquera des examens qui fourniront au médecin un complément d'information non moins précieux dans sa vue générale du cas que les résultats d'un examen du radiologue, de l'électroencéphalographiste ou de l'endocrinologiste. Ensuite, le psychologue sera souvent le spécialiste le mieux armé pour endosser la responsabilité d'une partie du traitement à envisager, à savoir la partie qui relèvera des méthodes strictement psychologiques : il s'agira par exemple de conduire ou de superviser une rééducation ou une éducation spéciale, ou d'apporter un soutien psychologique aidant le malade et son entourage à intégrer et assumer psychologiquement son infirmité. Il est clair que le psychologue, qui participe au diagnostic ou au traitement, devra travailler en étroite collaboration avec le médecin, auquel il laissera la responsabilité générale du malade. Le travail d'équipe dirigé par le médecin spécialiste, généralement neuro-psychiatre ou neurologue, est de rigueur.

A côté des troubles psychologiques liés à des anomalies organiques définies, il est de nombreuses maladies dont les symptômes sont essentiellement, voire exclusivement psychologiques, et dont l'origine organique, si elle existe, n'est pas connue. Ces maladies, psychoses, névroses et psychopathies, constituent la plus grande partie de la clientèle traditionnelle des psychiatres. Selon diverses théories psychopathologiques, la genèse de certains de ces troubles s'expliquerait par des vicissitudes particulières dans les relations avec autrui au cours du développement. Ces théories, qui ne manquent pas d'arguments, ne peuvent pourtant dispenser de s'interroger sur le terrain biologique qui aurait favorisé l'éclosion du trouble, et qui, pour n'être pas cause déclenchante, n'en serait pas moins cause nécessaire. Pour d'autres maladies mentales, comme la psychose schizophrénique, les avis demeurent les plus partagés. Certains spécialistes poursuivent leurs recherches en partant d'une hypothèse biochimique, tandis que d'autres adoptent les modèles psychogéniques. Tous ces cas relèvent au premier chef du médecin psychiatre. Il s'agit en effet de maladies caractérisées même si les causes en sont généralement obscures. Elles peuvent présenter des symptômes psychologiques parfois voisins de symptômes rencontrés dans des affections organiques définies : il faut donc bien connaître ces dernières pour fonder un diagnostic différentiel. Enfin, elles sont passibles d'un éventail de thérapeutiques où prennent rang des psychothérapies, — agissant directement au niveau psychologique — des traitements par chocs, par cures de sommeil, etc... Seul le médecin peut choisir ou combiner ces techniques.

Le psychologue, ici encore, interviendra dans la phase du diagnostic, et dans la phase du traitement, s'il relève de sa compétence. L'examen psychologique approfondi fournira des informations d'autant plus importantes que les symptômes seront essentiellement psychologiques. Il est rare que l'examen par le psychologue soit nécessaire pour poser le diagnostic : le psychiatre aura généralement situé le trouble dès la première consultation. L'examen psychologique aura pour but de nuancer le diagnostic, de l'enrichir, de dépasser la catégorie nosologique pour atteindre à l'individualité du cas. Dans la phase du traitement, le psychiatre pourra confier à un psychologue la psycho-thérapie, soit que le temps lui manque pour l'assurer lui-même, soit qu'il considère son collaborateur psychologue comme plus compétent que lui dans le type de psychothérapie indiqué — ce qui est parfaitement naturel si l'on songe à la diversité des méthodes de traitement psychologique et à la longue expérience que chacune d'elle exige pour être appliquée correctement.

Voilà donc le psychologue pratiquant au sens le plus propre du terme la thérapeutique psychologique. Il se trouve ainsi dans une fonction assez différente de celle où nous l'avons situé plus haut. Il ne peut assumer une telle tâche que s'il possède une connaissance approfondie de la pathologie mentale, y compris dans ses aspects organiques, afin de ne jamais perdre de vue les limites de ses interventions. Il est collaborateur du médecin, auquel il ne peut soustraire la responsabilité du cas traité. De toute évidence, le travail d'équipe est le seul imaginable ici.

Sur le plan des principes théoriques, la façon de voir les choses que nous venons d'exposer ne rencontre pas, nous en sommes conscient, l'assentiment général. Certains médecins objecteront que la frontière entre problèmes psychologiques non pathologiques et pathologiques est impossible à tracer. Ce n'est pas une raison pour la reculer à l'infini et supprimer ce que nous tenons pour une distinction fondamentale. Elle a d'ailleurs son équivalent dans le domaine physique : nous pouvons éprouver une certaine fatigue de la vie sédentaire et citadine, et confier notre cas, en cette occasion, non pas à un médecin, mais à un bon maître de sports. Une femme qui rencontre des difficultés dans les relations avec son mari ou avec ses enfants n'est pas pour autant une malade. Ses soucis peuvent la rendre malade, mais ils ne sont pas en eux-mêmes une maladie, ni les symptômes d'une maladie, pas plus que n'est malade l'étudiant qui n'assimile pas à une première lecture un cours de logique symbolique, pas plus que n'est malade l'émigrant qui éprouve pendant quelques semaines un sentiment de désorientation lorsqu'il s'installe dans un nouveau continent. Tous ces problèmes d'adaptation parmi des milliers d'autres sont inhérents à toute vie sociale. Les proclamer pathologiques, c'est voir dans l'humanité une gigantesque maladie, une conception éventuellement séduisante à des fins poétiques, mais scientifiquement insoutenable autant que pragmatiquement inutile.

On rétorquera que, même admise cette distinction, il reste qu'une zone d'incertitude subsiste entre les deux domaines du pathologique et du non-pathologique en matière de comportement. Cela vient d'abord du vague dans lequel se trouve encore laissée la définition des diverses maladies psychologiques. Il n'est que de voir la difficulté qu'éprouvent les spécialistes à cerner la notion de psychopathie, ou même celle de névrose, pour se convaincre de l'insuffisance de nos connaissances et de nos conceptions en ces matières. Les choses étant ce qu'elles sont, on prétendra qu'il vaut mieux faire preuve d'un excès de prudence et reculer la frontière aussi loin que possible, en deçà du « pathologique sans équivoque », afin de se mettre à l'abri de graves erreurs. Mais où s'arrêter ? D'autres facteurs aidant, dont nous reparlerons, on tend à ne pas s'arrêter et l'on retombe dans la « pathologisation » générale des problèmes de comportement. Aux yeux de certains, mieux vaut cela plutôt que de laisser aux mains du seul psychologue des cas dont son incompétence médicale l'empêchera de voir la gravité. On citera, en faveur d'une telle prudence, des cas — car il s'en trouve — dont l'évolution malheureuse aurait pu être évitée si un médecin plutôt qu'un psychologue avait été consulté : troubles de l'humeur mis sur le compte d'un conflit psychologique et qui se révéleront soudain liés à une tumeur cérébrale, inefficience au travail interprétée en termes de motivations psychologiques et qui trouve son origine dans un dysfonctionnement endocrinien, etc...

A ce genre d'argument, il faut répondre trois choses. En premier lieu, ces cas sont moins fréquents qu'on veut bien le dire et rares sont les statistiques fondées qui les dénombrent. En second lieu, nous avons suffisamment insisté sur l'importance que tout psychologue sérieux attache à la précaution élémentaire d'un contrôle médical, même là où, du point de vue psychologique, la notion de maladie et celle de substrat organique paraît écartée. En troisième lieu, comme en toutes affaires humaines, où la perfection se rencontre peu, il faut mesurer les risques que l'on court et choisir le moindre mal. Or, il peut y avoir grand mal à livrer à la médecine le moindre problème psychologique sous prétexte qu'il pourrait s'agir d'une maladie : danger, nous l'avons dit et répété, d'éluder le problème de la responsabilité du sujet, danger de dramatiser la situation, ou au contraire de la simplifier, danger de mettre en oeuvre des thérapeutiques qui se bornent à masquer momentanément les problèmes, comme c'est si souvent le cas des médications modernes destinées à réduire miraculeusement l'anxiété, l'émotivité ou l'agitation. Il serait fort éclairant de dénombrer objectivement les cas où l'intervention du psychologue a empêché, involontairement, de détecter une affection médicale sérieuse. Mais il serait non moins utile de faire le compte des gens qui, ayant cru bon de s'adresser à un médecin plutôt qu'à un psychologue, se retrouvent avec les mêmes problèmes des mois et des années plus tard, et avec quelques problèmes supplémentaires, telle la dépendance d'une drogue qui leur paraît nécessaire pour supporter l'existence ou se supporter eux-mêmes. A l'échelle d'une société, il nous paraît bien plus grave de fabriquer des milliers de toxicomanes qui s'ignorent que de laisser échapper à l'intervention médicale quelques centaines de cas organiques sérieux.

3. LE FAUX PROBLEME DES PRESEANCES

Nous pouvons tenter à présent de préciser la position du psychologue au sein de l'équipe de travail. Dans les cas où l'examen médical aura valeur de précaution, on pourra juger plus pratique d'associer un médecin au psychologue plutôt que de demander un contrôle médical à l'extérieur. C'est cette formule qui est en vigueur par exemple dans les centres psycho-médico-sociaux. La nature des problèmes à traiter, d'ordre essentiellement éducatif, donne au psychologue la responsabilité générale des cas examinés. Si un problème médical est détecté, le psychologue s'en remettra au médecin. Dire que le psychologue endosse généralement la responsabilité des cas, n'entraîne nullement, cela va de soi, que le médecin soit son subordonné. Il apporte sa compétence chaque fois qu'elle est utile, mais conserve dans l'exercice de sa fonction la plus totale liberté d'action.

Lorsque le psychologue se trouve aux côtés du médecin à titre de collaborateur dans l'examen et le traitement des malades, les rôles sont inversés. Le médecin spécialiste détient la responsabilité générale et le psychologue joue un rôle d'expert auxiliaire. Cela suppose chez le médecin une information suffisante pour tirer parti des éléments qui lui seront fournis, exactement comme il doit comprendre les rapports de confrères auxquels il demande un examen electroencéphalographique ou endocrinologique. Si les relations entre médecins et psychologues sont parfois peu satisfaisantes, cela vient bien souvent d'une insuffisante compréhension, dans le chef du médecin, de la psychologie scientifique. Il tient alors le psychologue, par exemple, pour un testeur auquel on peut demander un examen tout à fait isolé de telle fonction psychologique détachée de son contexte. S'il était informé, il saurait qu'un psychologue clinicien ne peut fournir des données raisonnables que si l'examen psychologique est suffisamment étendu et approfondi, et si les résultats peuvent être mis en relation avec l'histoire du sujet, son milieu, etc... Il est donc insensé de demander au psychologue de tester un malade et de fournir son quotient intellectuel, en le laissant dans l'ignorance totale des données de l'anamnèse. Il faut se réjouir de ce que les écoles de médecine élargissent aujourd'hui la formation psychologique de leurs élèves, les préparant ainsi à attendre des psychologues exactement ce qu'ils peuvent leur fournir, à les placer dans les conditions de travail correspondant aux nécessités de leur science, et à lire leurs rapports.

La compétence du psychologue est naturellement plus limitée que celle du médecin, mais dans son secteur de spécialité, elle est plus approfondie. Pourtant le fait qu'il ne possède pas de diplôme de docteur en médecine le réduit parfois, au sein de l'équipe, au rôle frustrant d'auxiliaire technique, auquel on confie un fragment d'examen comme on confie une analyse d'urine à une laborantine, auquel on confie un traitement psychologique comme on confie des massages au kinésithérapeute ou des injections à l'infirmière. Au lieu d'être considéré comme un collaborateur, avec des responsabilités assurément bien délimitées, mais entières dans le cadre de ces limites, le psychologue devient un subordonné. Si ce type de relation trouve son origine dans la formation encore insuffisante des psychologues universitaires, il doit trouver remède dans une amélioration de cette formation. Les psychologues et les maîtres qui les éduquent doivent modestement reconnaître les lacunes à combler. Nous verrons dans une quatrième partie de cet ouvrage comment envisager les exigences de la formation du psychologue. Mais dès à présent, nous pouvons suggérer que les psychologues désireux de travailler aux côtés des médecins neurologues ou psychiatres devraient être astreints à des compléments d'étude et de formation pratique, à l'instar des spécialisations médicales. Il n'est pas de meilleur moyen pour le psychologue d'accéder au statut véritable d'un collaborateur de niveau universitaire que d'en imposer par le caractère irremplaçable de sa compétence spécialisée.

Il va de soi qu'au sein des équipes de travail le psychologue doit jouir d'un autre statut que l'assistante sociale. Il arrive qu'il soit placé sur le même pied. Il arrive même que le médecin, comme parfois aussi l'industriel, substitue au psychologue universitaire une assistante sociale. La valeur de celle-ci n'est pas mise en cause : elle a une fonction importante, mais sa formation est infiniment moins poussée, et ne la prépare nullement à des responsabilités scientifiquement fondées en matière de psychologie appliquée. Il y a là un abus comparable à celui qui consisterait à donner des responsabilités médicales à un infirmier. Pourquoi commet-on cet abus ? Tout d'abord, parce qu'on n'a pas compris la vraie portée de l'intervention du psychologue, avec tout ce qu'elle suppose de connaissances et de techniques. Ensuite, parce que la liberté la plus totale et la plus dangereuse règne encore dans l'organisation des carrières psychologiques ; elle autorise les solutions les plus fantaisistes sans qu'aucune loi, ni même aucune règle d'usage puisse être invoquée pour protéger et les psychologues sérieux et les clients victimes des abus. La protection légale de la fonction de psychologue, question urgente, nous retiendra dans une dernière partie. Enfin, parce que le détenteur d'un diplôme technique se paie moins cher qu'un diplômé universitaire et sera d'autant plus docile, un grain de fatuité aidant, qu'il se verra confier des tâches qui devraient revenir à plus compétent que lui.

4. CONFLITS D'INTERETS

Cette dernière remarque nous amène à discuter d'un dernier point, le problème des intérêts en jeu. Il nous semble en effet que la coopération entre médecins et psychologues trouverait peu à peu ses modalités naturelles les plus saines, à la faveur d'une meilleure connaissance de la psychologie chez les médecins, et d'une meilleure appréciation de leurs responsabilités particulières chez les psychologues, si des conflits d'intérêt ne venaient tout compliquer.

La plupart de nos pays ont instauré, pour le meilleur et pour le pire, une médecine sociale. Chaque prestation est cataloguée et minutieusement évaluée. Ce régime, comme on sait, rompt avec les traditions de la corporation médicale. Sur le plan financier, il gonfle le nombre des patients, et réduit certainement les gains à la prestation. Nul doute qu'une menace pèse sur les médecins, dont les honoraires, une fois déterminés par les règlements administratifs, ne pourront plus être modifiés sans courir le risque de rompre l'équilibre, partout précaire, de l'institution. Et dans des sociétés où le commerce est roi, où l'on trouve naturel que les biens de consommation augmentent sans cesse de prix, les médecins n'ont en fait plus le droit d'ajuster leurs honoraires aux fluctuations de l'économie générale. Seule la quantité des clients peut compenser la minceur des honoraires — honteusement dérisoires, comparés au coût d'une intervention de plombier ou de dépanneur de télévision.

Ce sont sans doute des raisons de cet ordre, dont nous ne faisons pas reproche aux médecins, mais à une société impertinente qui les y accule, bien plus que des arguments scientifiques, qui incitent beaucoup de psychiatres à revendiquer l'hégémonie sur des cas dont nous avons montré qu'ils ne relèvent pas de la pathologie. Un excellent psychiatre d'enfant, exerçant dans le cadre une institution hospitalière, et ne pratiquant pas à titre privé, me déclarait que ses consultations étaient encombrées de cas qui n'on rien à voir avec la médecine : problèmes scolaires, problèmes familiaux banals, problèmes psychologiques mineurs liés aux vicissitudes normales de la croissance, etc... Il les renvoie. Les parents sont rassurés sur la santé de l'enfant mais déçus de se retrouver avec leurs problèmes, et de devoir prendre leurs responsabilités d'éducateurs. N'étant pas payé à la prestation, le psychiatre n'a nul intérêt à entretenir ce genre de clientèle. Mais ajouta-t-il, si je devais tenir un cabinet privé, pourrais-je survivre, asseoir une réputation nécessaire en écartant, par un refus de jouer le jeu, tous ces enfants auxquels je n'ai honnêtement rien à apporter? Ainsi se trouvent annexés à la pathologie des cas que le médecin lui-même reconnaît d'une autre nature. Le public est en grande partie responsable de cet état de choses. Habitué à profiter des avantages de l'assurance-maladie, il se complaît à consulter, puisqu'il ne lui en coûte guère. Et s'il ne consulte pas un psychologue, c'est, tout simplement, parce que les prestations de ce dernier ne font l'objet d'aucun remboursement.

En effet, le psychologue n'existe généralement pas dans les nomenclatures des spécialistes médicaux et paramédicaux.

Suivant la logique de notre distinction entre psychologie appliquée à la pathologie et psychologie appliquée aux problèmes éducatifs ou interpersonnels normaux, nous pensons qu'il serait dangereux de proposer que les consultations de psychologues, indistinctement, fassent l'objet d'une intervention financière des assurances maladies. Ce serait consacrer une équivoque dont nous avons, dans la première partie, tenté de montrer la gravité. Si l'on estime que les problèmes psychologiques normaux méritent d'être résolus avec l'aide des psychologues dans toutes les couches de la société, que l'on prévoie des institutions adéquates ouvertes librement au public, comme le sont, par exemple, les centres d'orientation scolaire. Mais de telles institutions ne doivent en aucun cas être assimilées à des polycliniques médicales, pour des raisons scientifiques, — parce que, encore une fois, elles ne concernent pas des maladies —; pour des raisons d'éducation du public, — parce qu'il importe de ne pas entretenir chez lui l'idée que les responsabilités éducatives, familiales, professionnelles, et autres, peuvent se diluer dans la réduction au pathologique —; pour des raisons financières enfin — parce que le financement de la santé publique, déjà si lourd à supporter, ne peut se grever de cette charge nouvelle et qui ne lui incombe à aucun titre. S'il est illégitime pour le psychiatre de se réserver, et de faire supporter par l'assurance-maladie, des problèmes psychologiques qui relèvent du seul psychologue, il serait également illégitime que ce dernier revendique à propos de ces mêmes cas le statut d'un spécialiste para-médical.

Le cas du psychologue travaillant en collaboration avec le médecin spécialiste est différent. Ses interventions, qu'elles contribuent au diagnostic ou au traitement, s'inscrivent tout naturellement dans l'ensemble des actes médicaux, et ressortissent à un régime d'assurance-maladie. Il est donc anormal qu'elles ne s'y trouvent pas clairement définies. Il importe de préciser les titres de ceux qu'on y habilite — et nous retombons à nouveau sur des questions d'exigence de formation et d'organisation légale de la profession. Il importe aussi de préciser les modalités de dépendance vis-à-vis des professions médicales proprement dites : diverses solutions peuvent être envisagées, et nous n'entrerons pas dans leur discussion, d'une technicité fastidieuse. On pourrait imaginer que l'intervention du psychologue ne puisse être sollicitée que par certaines catégories de spécialistes, les psychiatres et les neurologues, par exemple. Ce système conditionnel présente, à côté d'inévitables inconvénients, des garanties certaines, et il n'entraînerait pour les psychologues aucune humiliation ; il se pratique en effet couramment entre médecins de spécialités différentes dans certains pays. Les prestations du psychologue pourraient dès lors être honorées d'une façon équitable, compte tenu de sa formation universitaire et éventuellement spécialisée — largement plus poussée que celle d'un kinésithérapeute — et de leurs caractères particuliers, notamment leur durée. Le psychologue cesserait ainsi d'être ce qu'il est souvent aujourd'hui, une sorte de passager clandestin dans le vaisseau médical, que le médecin paie à l'aide d'une partie de ses honoraires comme il paie sa secrétaire ou son infirmière.

Pour que tous ces problèmes se clarifient dans la pratique, plusieurs préalables devraient être réglés, et seuls les psychologues sont en mesure de prendre les initiatives qui s'imposent. Nous pouvons résumer en quelques points ces préalables :

1) Définir avec précision les diverses formes d'interventions auxquelles peuvent être appelés les praticiens de la psychologie, et les situer sans ambiguïté soit dans la catégorie des activités autonomes des psychologues, soit dans la catégorie des activités intégrées dans l'art de guérir.

2) Définir les exigences minimum de formation en vue d'accéder aux différentes fonctions possibles, ainsi que le contrôle de cette formation. Il semble que l'on ne puisse plus se contenter d'une formation psychologique à base polyvalente, passe-partout, sans spécialisation, du moins pour certaines branches.

3) Contrôler, au-delà de la formation, l'exercice de la profession par la création d'un ordre des psychologues et des mesures légales appropriées, dans le but de protéger les membres de la profession, et leurs clients, contre les abus et les fautes déontologiques de tout genre.

4) Etablir un code déontologique explicite, dont on aura compris qu'il ne peut être un simple décalque du code des médecins.

L'énoncé de ces points nous achemine à la dernière partie de nos réflexions, dans laquelle nous aborderons les problèmes de la formation, de la sélection et du contrôle des psychologues.

CHAPITRE IV

COMMENT FAIT-ON UN PSYCHOLOGUE ?

1. PROBLEMES DE FORMATION

La formation des psychologues doit répondre à plusieurs impératifs. Elle doit être fondée sur l'état, continuellement en progrès, de la science. Elle doit préparer à remplir des fonctions aussi diverses que psychologue industriel et psycho-thérapeute auxiliaire du psychiatre, orienteur scolaire et spécialiste de la rééducation des paralysés cérébraux, conseiller en psychologie familiale ou en psychologie de la publicité. Elle doit autant que possible trier les futurs psychologues de telle sorte que la profession ne soit représentée que par des hommes et des femmes présentant non seulement toutes les garanties intellectuelles, mais aussi morales et psychologiques.

Nous allons tenter de dégager les éléments qui nous paraissent constituer l'armature indispensable d'une formation minimum. Les programmes universitaires de psychologie sont loin d'être les mêmes à travers toute l'Europe de langue française. Les exigences, aussi bien que l'esprit général, diffèrent grandement d'un endroit à l'autre. Il y a là une entrave à l'organisation légale de la profession. Notre idéal, qu'on nous entende bien, ne viserait nullement à scléroser dans des programmes partout identiques jusque dans le détail la formation de base des étudiants en psychologie. Au contraire, l'université ne peut s'épanouir que si elle jouit d'une liberté suffisante pour aménager de façon originale, au mieux de ses possibilités, l'enseignement qu'elle prodigue. Mais cette liberté n'a de sens qu'à l'intérieur d'un cadre général qui assure que la formation de générations de praticiens et de chercheurs n'est pas livrée à la fantaisie. En d'autres termes, il faut savoir ce qui doit, *à tout prix,* faire partie de la formation. Le reste vient par surcroît, et est le fruit de la liberté.

Je m'inspirerai, dans cette discussion, du programme qui m'est le plus familier, celui de l'Institut de psychologie de l'Université de Liège. Non que je le tienne pour parfait, ni pour le seul acceptable, mais parce qu'il représente sans doute, dans nos pays francophones, la création entièrement neuve la plus récente — il date de 1962. Depuis lors, l'université française a profondément remanié la structure des études de psychologie, mais sans réussir à se libérer totalement de certaines servitudes des régimes antérieurs. D'autre part, dans son esprit, la réforme française rejoint le programme de l'université de Liège.

Les problèmes généraux que nous avons discutés jusqu'ici auront permis au lecteur non spécialisé de deviner qu'une formation de base en psychologie suppose une grande diversité de connaissances. L'éclectisme des disciplines qu'on lui impose inquiète souvent l'étudiant débutant. Des mathématiques à la sociologie, de la biologie à l'histoire des civilisations, de la linguistique à la psychiatrie, sa formation de base exige assurément une grande souplesse d'esprit et une grande diversité d'intérêts. Son programme d'étude rassemble, à côté des divers domaines de la psychologie proprement dite, des enseignements relevant des sciences humaines, des sciences naturelles, des sciences médicales. A quelle intention répond cette exigente diversité? Il ne s'agit naturellement pas de décourager les candidats, encore moins de les transformer en encyclopédies vivantes. Il n'est pas inutile peut-être que nous justifions succinctement les différents groupes de branches préparatoires.

Conçue comme le dernier niveau des sciences du vivant, la psychologie s'enracine dans la biologie, d'où nécessité d'un enseignement solide de la biologie générale, de l'anatomie et de la physiologie, de la psycho-physiologie enfin, que l'on pourrait qualifier comme la science de l'articulation entre le physiologique et le comportemental. Cette formation, outre sa signification centrale dans une conception générale des sciences psychologiques, trouvera ses prolongements lorsque l'étudiant en psychologie, ou le psychologue en voie de spécialisation, aborderont la pathologie mentale, les troubles comportementaux associés à divers déficits organiques (surdi-mutité, cécité, atteintes psycho-motrices, etc...) et naturellement les recherches expérimentales d'orientation psycho-physiologique.

Les mathématiques constituent généralement une précaution nécessaire avant d'aborder la statistique. Celle-ci

tient une place primordiale dans la méthodologie psychologique — la théorie et la pratique des tests, d'une
manière générale la psychométrie, la manipulation des
résultats d'observation, le traitement des données expérimentales sont tributaires de la stastistique. On peut dire
qu'un psychologue non seulement n'est pas en mesure
de mener correctement une recherche même mineure,
mais qu'il ne saurait appliquer correctement ses instruments de travail, ni même comprendre la littérature
scientifique s'il ne dispose d'une large initiation à la statistique. Celle-ci a pris en psychologie une importance
générale bien plus tôt que dans d'autres sciences, comme
la biologie et les sciences médicales. Il y a à cela deux
raisons principales : l'une tient à la part prise par la
méthode des tests, l'autre à la multiplicité des variables
en jeu dans la plupart des recherches sur le comportement et la nécessité qui en découle de les faire porter sur
des groupes assez vastes, dans une perspective probabi-
liste. A un niveau plus avancé, les mathématiques fourniront aux chercheurs en psychologie des modèles de for-
malisation du comportement, instruments d'analyse ou
d'explication : ainsi trouvera-t-on les modèles de la théorie de l'information, mise au point par les ingénieurs de
la communication, appliqués à l'étude de la perception ou
du langage ; des modèles stochastiques appliqués à
l'étude de l'apprentissage ; la théorie des jeux appliquée à
l'analyse des processus de décision psychologique.

Parmi les sciences humaines et les disciplines tradition-
nellement enseignées dans les facultés de lettres ou de
philosophie, lesquelles retenir pour asseoir les bases
d'une bonne formation psychologique et susciter, s'ils

n'existent pas dès le départ, des intérêts durables? Il est ici plus difficile de faire le choix. Il nous paraît cependant que plusieurs dimensions fondamentales de l'humanisme ne peuvent manquer au psychologue, quels que soient les intitulés de cours que l'on utilise pour les lui donner. Sa science, ne l'oublions pas, concerne le niveau le plus élevé du vivant, et généralement de l'homme, dans toute sa complexité; l'homme toujours inscrit dans une civilisation qui le nourrit et qu'il recrée sans cesse, l'homme qui s'exprime par le langage et les arts, l'homme qui se souvient et se perçoit à travers sa mémoire et son histoire, l'homme qui se situe dans l'univers par sa religion et sa philosophie. C'est cet homme-là, compliqué et pour la plus grande part insaisissable pour une science trop jeune, que le psychologue rencontrera dans sa profession; il devra souvent suppléer son ignorance scientifique par l'intuition de sa culture. De plus, il se trouvera souvent au contact d'êtres d'exception, — élèves surdoués à orienter, cadres supérieurs à sélectionner, malades de niveau intellectuel brillant, etc... L'entretien serait grotesque et dérisoire la prétention scientifique, si le psychologue n'avait pas une grande culture générale. Elle est souhaitable chez tous les universitaires. Ici elle est indispensable. Il faudra donc de l'histoire — non dans sa technicité, mais dans ses perspectives générales (le programme auquel je me réfère prévoit l'histoire de la civilisation), de la littérature, de l'esthétique et l'histoire des arts, de la linguistique, de la logique et de la philosophie morale. Notons que chacune de ces disciplines, à côté de sa nécessité comme branche de culture générale, trouve une finalité particulière dans la formation spécialisée des psychologues. Ainsi, comment aborder la psychologie de l'expression, comprendre la production graphique et picturale des enfants ou des malades mentaux, saisir les liens qui unissent dans les tests projectifs perception et affectivité, si l'on ignore tout de l'expression artistique de l'humanité? Comment aborder la psychologie du langage sans le secours de la linguistique? La psychologie de l'intelligence sans la logique? Comment enfin définir clairement les normes de comportement dans une culture donnée, sans avoir, dans l'enchevêtrement des déterminants des conduites humaines, fait la part des valeurs morales? Les problèmes que nous avons tenté de discuter, très superficiellement d'ailleurs, dans la première partie de cet ouvrage, et auxquels tous les psychologues devraient constamment réfléchir, sont des problèmes de morale, non de science.

On comprend pourquoi la formation d'un psychologue commence bien en deçà de la psychologie, et pourquoi l'étudiant, pendant ses deux premières années d'étude — je me réfère toujours au programme de mon université — n'approche la psychologie qu'à travers une douzaine de cours sur une vingtaine. Et encore, ces cours «psychologiques» sont-ils introductifs: psychologie générale, en vue de fournir les cadres théoriques, les vues d'ensemble propres à donner à toutes les connaissances ultérieures leur juste position et leur juste proportion, synthèse capitale que malheureusement peu de professeurs sont en mesure d'entreprendre; introduction aux diverses méthodes et orientations: expérimentation, analyse clinique, psychométrie, etc... antichambres où l'on se débarrasse de préjugés, où l'on acquiert quelques habitu-

des de pensée, où l'on reçoit d'indispensables avertisse-
ments ; perspectives générales d'approche du comportement : perspective du développement de l'individu, perspective sociologique, — qui se traduiront par des cours
aux étiquettes diverses, mais secondaires : psychologie
génétique, ou développementale ; psychologie sociale
générale, sociologie, anthropologie culturelle, etc...

Ces bases assurées, la formation psychologique approfondie peut être entreprise. Elle visera à la rigueur de
l'information et des attitudes devant le réel, et fera par
conséquent une place très large aux disciplines expérimentales les plus limitées peut-être, mais les plus solides
— psychophysiologie, psychologie expérimentale. Elle
équipera l'étudiant des instruments méthodologiques les
plus courants : tests divers, méthodes d'examen psychologique, méthodes d'action psychologique. Elle l'intro-
duira aux grandes approches spécialisées du comportement : approche phylogénique à travers la psychologie
comparée et l'éthologie animale ; accentuation des varia-
bilités interindividuelles à travers la psychologie différentielle ; souci premier de saisir l'unité individuelle dans la
psychologie de la personnalité ; compréhension du normal
par le biais des désordres, et réciproquement, dans la psychopathologie. Elle le préparera enfin à appliquer son
savoir dans un contexte pratique : chercheur de laboratoire, psychologue d'industrie, psychologue d'enfants,
psychologue scolaire, clinicien attaché à une clinique
médico-psychologique, etc... A chaque catégorie professionnelle devront correspondre des enseignements spécialisés : psychologie du travail, éducationnelle, clinique,
etc... Le détail ici nous mènerait trop loin.

Au stade actuel du développement de la psychologie, il nous paraît exclu que chaque étudiant reçoive une formation convenable qui le prépare à n'importe quelle spécialité professionnelle. Il faudra donc amorcer, dans la dernière phase des études, un début de spécialisation. Il nous paraît également exclu de fabriquer des spécialistes valables endéans la durée habituelle des études. Il faudra donc envisager des compléments de formation, qu'il serait souhaitable de pas laisser au hasard. Il nous paraît encore exclu que chaque institution universitaire dotée de moyens normaux puisse dispenser une formation de premier ordre — une formation universitaire devrait toujours être de premier ordre — dans tous les domaines qui constituent aujourd'hui l'éventail des spécialités. Nos pays ne disposent pas du minimum de professeurs pour assurer les enseignements fondamentaux dans toutes les universités existantes. Il serait illusoire de chercher à créer partout tous les enseignements spécialisés : il faudrait donc que chaque université, écartant toute autre motivation que la poursuite de la valeur scientifique, vise à cultiver au maximum quelques secteurs.

2. NECESSITE DE LA SPECIALISATION

L'ensemble de ces enseignements paraît très lourd. Il faut encore y ajouter la formation pratique — apprentissage de la recherche personnelle, stages préparatoires à l'activité professionnelle. Cette formation pratique devrait être intensive et de haut niveau. Pour tout cela, il faut du temps. Quelle durée convient-il de donner à des études de psychologie? Dans les faits, elle varie de trois à cinq ans. Dans les principes, on s'accorde généralement a reconnaître qu'il faudrait au moins quatre ou cinq ans. Cette solution a été adoptée à l'Institut de psychologie de Liège, qui innovait dans un pays francophone. A l'expérience, elle paraît satisfaisante. Un tel allongement des études se justifie à plusieurs égards. En premier lieu, l'abondance des matières l'exige. Leur diversité et leur complexité aussi. La psychologie n'est pas une science facile. Ensuite, le savoir n'est pas tout: la pratique professionnelle ne s'acquiert que lentement, et les stages ne peuvent être précipités. Enfin, la psychologie, tant dans ses aspects théoriques que dans ses applications, est une science que l'on ne domine qu'à la faveur d'une certaine maturité; celle-ci fait défaut aux élèves de vingt ans; s'il ne suffit pas d'un ou deux ans de plus pour qu'ils y atteignent, ils s'en approchent d'autant et c'est tant mieux.

Cinq années d'étude ne font pas des psychologues complets. Elles ne peuvent fournir que des bases d'information, des attitudes de pensée sur lesquelles se construira la spécialisation choisie. Ceci est vrai pour toutes les études universitaires. Le problème se pose dès lors:

où et comment s'accomplira la spécialisation? Deux solutions sont ici possibles: l'une consiste à s'en remettre à l'expérience pratique que le psychologue acquerra dans l'exercice de sa profession; l'autre à contrôler la formation spécialisée en en faisant en somme des études complémentaires. Les disciplines plus traditionnelles ont fait l'objet de l'une ou l'autre solution, le choix étant généralement dicté par la nature des activités et des responsabilités professionnelles. Dans certains cas, le contexte professionnel ne peut être reproduit au sein de l'université, et le jeune universitaire, d'autre part, ne se voit confier, au départ, que des responsabilités partielles. Ainsi en va-t-il généralement des ingénieurs, dont les conditions de travail dans l'industrie sont par nature différentes des conditions d'étude, et qui y sont encadrés jusqu'à ce qu'ils aient fait leurs preuves. Dans d'autres cas, l'entrée dans la profession place d'emblée devant des responsabilités à prendre seul et totalement. Le jeune chirurgien doit travailler en ne comptant que sur ses propres forces. Il y a intérêt à contrôler sa compétence avant de lui permettre d'assumer des responsabilités graves. Ainsi les facultés de médecine se sont-elles généralement orientées vers le contrôle très strict de la formation spécialisée.

Que proposer pour les psychologues? On devine qu'une solution unique serait inadéquate, puisque certaines professions psychologiques se rapprochent à cet égard des fonctions d'ingénieur, d'autres des fonctions de médecin. Le psychologue d'industrie ne pourra jamais acquérir une expérience spécialisée s'il ne se plonge dans la réalité industrielle. Celle-ci ne peut être reproduite, même en miniature, dans un service universitaire. La formation spécialisée suppose ici la pratique professionnelle dans son milieu naturel. Le contrôle universitaire ne pourrait être qu'indirect, par conséquent très incertain. Mieux vaut probablement l'écarter.

Par contre, le psychologue qui se destine à collaborer avec le psychiatre a tout intérêt à affirmer sa compétence sous la responsabilité d'un patron, dans le cadre d'un service universitaire. Un complément d'études organisées, aboutissant à un titre reconnu, garantirait au mieux et la qualité de ses interventions, et la fécondité de la collaboration avec le médecin.

L'expérience montre qu'il n'est pas de procédé plus rapide et plus efficace d'apprentissage de méthodes à la fois rigoureuses et nuancées que le contact direct entre un maître qui instruit et un disciple qui imite. Nos étudiants en psychologie ne connaissent, dans les meilleurs cas, que les rudiments des moyens d'investigation et d'action qu'ils devront utiliser. L'approfondissement de leurs initiatives ou des circonstances dans lesquelles ils travailleront. S'il faut trois années supplémentaires pour être en mesure de procéder à un examen fouillé de la personnalité, pour décider d'un traitement logopédique approprié, pour conduire une thérapie par le jeu, ou manipuler la dynamique de groupe, il ne faut pas hésiter à payer le prix. Cet effort vaudra mieux qu'une anarchique liberté où chacun peut s'improviser spécialiste de n'importe quoi sans contrôle réel de ses titres. Il résulterait d'une telle formule une distinction de niveau entre différentes catégories de psychologues, non moins normale et souhaitable que la distinction, au sein du corps médical, des omnipraticiens et des spécialistes. La pratique de certaines méthodes pourrait être soumise de façon très explicite à une exigence de spécialisation. Ainsi se trouveraient écartés nombre d'amateurs et de charlatans.

3. L'ACCES A LA PSYCHOLOGIE:
ENTREE LIBRE OU SELECTION?

Une question se pose souvent aux professeurs de psychologie, et elle vient parfois à l'esprit du public: des critères de connaissances purement intellectuelles suffisent-ils à autoriser l'accès aux professions psychologiques? N'y aurait-il pas lieu d'y ajouter des critères psychologiques?

Avant de répondre à cette question, il est utile d'entreprendre une digression dans le domaine des motivations de ceux qui s'orientent vers des études de psychologie. Il existe à ce sujet quelques enquêtes fort éclairantes, qui rejoignent d'ailleurs dans leurs grandes lignes les impressions générales qui se forment au contact des étudiants. Nous nous en tiendrons ici à ces impressions, renonçant à les grever de chiffres; ceux-ci ne pourraient que fausser les idées, car ils ne sont pas valables partout et toujours. Il suffit qu'un institut de psychologie prenne une certaine orientation pour écarter tout un groupe de motivations, ou que la sélection y soit très sévère pour décourager plusieurs catégories de candidats.

Pourquoi entreprend-on des études de psychologie?

Dans certains cas, on est attiré par une profession que l'on idéalise en y accentuant le service du prochain; on espère accroître quelque peu le bonheur de ses semblables ; on entre dans la psychologie comme en sacerdoce. Dans d'autres cas, l'intérêt pour l'assistance au malade domine ; il n'est pas rare que des esprits attirés par la médecine s'effraient de la longueur des études médicales, de la résistance physique qu'elles supposent, et de certaines tâches qu'elles comportent (dissection, autopsie, contact fréquent avec la mort...). La psychologie appliquée aux cas pathologiques donne l'occasion d'exercer une activité voisine sans s'exposer à ces obstacles. De telles motivations se rencontrent fréquemment chez les jeunes filles et sont parfaitement compatibles avec un niveau intellectuel supérieur.

On peut aussi aborder la psychologie avec des motivations essentiellement pédagogiques. L'amour des enfants, le goût d'éduquer se combinent au souci de fonder l'action éducative sur une formation scientifique solide. Ce genre de motivation fournit notamment d'excellents psycho-pédagogues, d'excellents spécialistes de l'éducation des arriérés mentaux, handicapés moteurs, déficients de la parole, etc...

Il arrive que l'on parte d'intérêts très strictement scientifiques pour telle ou telle sorte de recherche ou de problème théorique qui se fait ou se discute dans le cadre des sciences psychologiques ; on s'interroge, par exemple, sur la genèse de la logique de notre esprit, ou sur le fonctionnement de notre cerveau. Il est rare cependant que des candidats d'âge normal obéissent, dès avant le début des études, à ce genre de motivations. Elles apparaissent plutôt en cours de route, au fur et à mesure que les connaissances se structurent. Elles sont plus fréquentes chez les étudiants venant à la psychologie sur le tard, après avoir accompli d'autres études, au cours desquelles ils ont un moment donné, rencontré un problème qui ne peut se résoudre que par les sciences du comportement. C'est ainsi qu'un Piaget est venu de la biologie à la psychologie, ou qu'un zoologiste, captivé par le comportement animal, éprouvera le besoin de l'envisager dans la perspective d'une psychologie générale.

A l'opposé, certains étudiants atterrissent en psychologie à la suite d'un processus d'exclusion. S'étant découvert des défaillances rédhibitoires pour entreprendre des études d'histoire naturelle, d'ingénieur ou de philosophe, ayant fait le tour de tout l'éventail des possibilités sans détecter les signes d'une vocation, il ne leur reste que la psychologie, parce qu'elle se trouve en fin du programme des cours, parce que c'est la dernière chose à laquelle ils aient songé, parce que tout le monde en parle, ou parce qu'on y dit la réussite facile. Les chances de ces candidats s'amenuisent au fur et à mesure que les études se font plus longues, et plus exigeantes.

La mode joue un rôle certain. La vogue de la psychologie dans le grand public ne vous valorise-t-elle pas automatiquement si vous faites partie de cette corporation qu'une presse et une littérature faciles auréolent volontiers d'un halo de mystère et de sensationnel? La psychologie devient un habit qui se porte. Il semble que, en France notamment, nombreuses sont les jeunes filles qui suivent les cours de psychologie comme elles auraient suivi jadis les cours de littérature ou d'histoire de l'art. Beaucoup d'entre elles ne pratiqueront jamais. Elles s'ornent l'esprit, complètent leur culture générale. La psychologie prend ainsi, assez curieusement, le relais de la formation humaniste. On s'y sent plus à la page, et peut-être espère-t-on mieux comprendre ses semblables, mieux éduquer ses enfants, mieux aimer son mari, mieux diriger son personnel, mieux réussir dans la vie sociale. L'avenir disposera de tous ces espoirs, et nous dira si la société est devenue plus heureuse qu'à l'époque où les femmes cultivées ignoraient la psychologie scientifique.

Une science en expansion attire toujours. Indifférent aux débouchés actuels, on anticipe les débouchés futurs, on s'imagine dans des fonctions exaltantes. Beaucoup d'étudiants comptent se spécialiser dans telle direction d'avant-garde, et, leurs études achevées, doivent revenir à la réalité et faire comme la plupart de leurs pareils de la psychologie scolaire. Ces illusions s'alimentent de l'ignorance où sont généralement les étudiants débutants des débouchés réels qui s'offrent à eux.

A côté de ces motivations, ou s'y entremêlant subrepticement, il faut faire la part d'une série de tendances souvent inconscientes qui interviennent dans le recrutement de nos étudiants.

La psychologie, en nous donnant accès aux personnalités des autres, sous le couvert d'une formation reconnue, peut satisfaire un besoin d'indiscrétion. L'attrait pour la psychologie n'est pas exempt d'une sorte de voyeurisme. La place, démesurément gonflée aux yeux du grand public, de la sexualité dans certaines images de la psychologie, favorise parfois un voyeurisme au sens le plus propre du terme.

L'action psychologique sur autrui se prête à l'expression d'un besoin de domination, dans sa forme peut-être la plus subtile, puisque l'intention avouée est d'aider.

Enfin, beaucoup de candidats abordent la psychologie avec l'espoir de mieux se comprendre, de résoudre leurs propres problèmes. Peut-être n'en ont-ils d'autres, en réalité, que ceux que l'on rencontre habituellement à la fin de l'adolescence. Ils y accordent une importance démesurée, et leur confèrent une portée excessive dans le choix de leur carrière. Est-il raisonnable de décider de tout son avenir sur la base d'une inquiétude destinée à se résorber endéans quelques années?

Pour ceux-là, les études de psychologie sont souvent décevantes. Ils s'y heurtent à des matières qui ne présentent pour eux aucun intérêt, et dont ils n'aperçoivent pas comment elles pourraient les acheminer vers cette lucidité qu'ils recherchent. Il y a loin, en effet, de leurs questions personnelles à la physiologie, à la linguistique ou à la psychométire. Leurs études, au lieu de résoudre leurs problèmes, leur en créent de nouveaux. Il arrive dans certains cas favorables que l'équilibre annonciateur de la maturité s'installe rapidement, et relègue au second plan les motivations initiales, cependant qu'une étincelle a allumé un enthousiasme profond pour la psychologie, perçue désormais avec réalisme en tant que science, non plus en tant que magique sagesse. Mais si une telle conversion ne se produit pas rapidement, ou bien ce sera l'échec, ou l'enfoncement dans un égocentrisme incompatible avec une attitude scientifique.

Les problèmes que l'étudiant débutant espère résoudre peuvent être plus graves que les derniers bouleversements de l'adolescence. Il peuvent traduire de véritables états pathologiques, et il se glisse sans doute dans les auditoires de psychologie une certaine proportion de névrosés. Il tombe sous le sens que de tels déséquilibres ne peuvent trouver leur solution dans l'accumulation d'un savoir scientifique. Celui-ci, au contraire, contribuera à les aggraver, en alimentant l'anxiété. Une compréhension purement intellectuelle n'a jamais, on le sait, valeur de psychothérapie. En donnant au sujet atteint l'illusion d'être en mesure de se soigner lui-même, elle l'enfoncera dans son trouble et risquera de le tenir à l'écart de la solution vraiment efficace, le traitement par un spécialiste.

Devant cet ensemble de motivations suspectes, le problème se pose, quelles que soient par ailleurs les chances de réussite aux études : n'y a-t-il pas lieu d'interdire à certains individus l'accès à une formation, et plus tard à une profession, dont ils ne sont pas à même d'endosser les responsabilités sans danger pour le public ? Ne conviendrait-il pas d'établir un barrage, le plus tôt possible, pour empêcher que certaines personnalités déséquilibrées ne puissent nuire sous le couvert de la psychologie scientifique, quelquefois sans s'en rendre compte ? A quel moment, et sous quelles formes, de quelle autorité organiser dans la pratique ce genre de sélection, en admettant qu'elle s'impose ?

Notons d'abord qu'un problème analogue se pose pour beaucoup de professions. Dans le domaine de la santé physique, nous trouvons aujourd'hui naturel d'interdire l'accès à l'enseignement à des individus atteints de certaines maladies, dans le but d'éviter la contagion, ou d'éviter des accidents, ou encore d'éviter des spectacles pénibles à des enfants. Au niveau psychologique, les déséquilibrés ne sont assurément souhaitables dans aucune profession, mais ils mériteraient d'être écartés de façon très stricte de certaines fonctions. Ils le sont d'ailleurs, dans beaucoup de cas, si leur trouble relève sans équivoque de la psychiatrie et tombe dans des catégories définies. Mais les critères admis ne suffisent pourtant pas à éliminer certaines personnalités dangereuses. C'est que ces critères, pour ne pas entraîner des abus, doivent tenir compte de la difficulté de prédire l'influence d'une personnalité donnée sur ses semblables dans l'exercice de telle ou telle fonction. Tel trouble subjectivement grave pour celui qui en est atteint ne se répercutera point sur autrui. Tel autre trouble, à première vue bénin, ou facile à dissimuler, fera des ravages.

Mais, dira-t-on, s'il est permis d'admettre une certaine incertitude dans d'autres professions, il serait inconcevable que la psychologie soit pratiquée par des gens qui ne seraient pas des modèles d'équilibre psychologique. Il faut donc instaurer une sévère sélection.

Une telle sélection psychologique se pratique dans certaines universités américaines notamment. Tout en la croyant à maints égards souhaitables, nous pensons qu'elle soulève de multiples problèmes à propos desquels nous voudrions faire quelques réflexions.

Une première difficulté surgit, naturellement, dès que l'on tente de définir les types de personnalités ou les traits de personnalité qui seraient réputés incompatibles avec la formation psychologique. Mis à part les cas de pathologie franche, comment décider? Rien n'est plus difficile à caractériser que l'équilibre psychologique, car il se présente sous les formes et dans les contextes les plus divers. De plus, à quel degré de déséquilibre faut-il descendre pour devenir inapte à faire de la bonne psychologie? On dit souvent, en manière de boutade, que les psychologues sont tous des cas psychologiques. J'ose croire que ce jugement est un peu excessif, mais peut-être est-il vrai qu'on ne devient pas psychologue si l'on n'a pas quelque propension à s'interroger, et à percevoir en soi des éléments qui font problème. Il est difficile d'être psychologue sans une profonde curiosité pour l'homme, et cette curiosité n'est pas séparable d'une certaine inquiétude. L'équilibre parfait, si tant est qu'il existe, n'est pas ici la meilleure garantie. En fait, ce qui importe pour le psychologue, ce n'est pas d'être absolument exempt de tendances névrotiques ou autres; c'est d'atteindre à un maximum de lucidité sur lui-même, de se connaître aussi parfaitement que possible, afin de tenir compte de ses propres traits, de ses propres réactions dans la relation avec autrui. C'est là tout l'esprit de la formation psychanalytique, qui impose au candidat de faire lui-même tout le chemin qu'il aidera les autres à parcourir. En fait, pour décider de critères valides pour sélectionner de futurs psychologues, il faudrait d'abord disposer d'éléments objectifs montrant que telles erreurs professionnelles sont le fait de telles catégories d'individus. Les psychologues, malheureusement, n'ont pas soumis leurs propres activités à ce genre d'enquête.

L'âge auquel la sélection devrait être faite soulève aussi des difficultés. En début ou en cours d'études, elle supposerait que l'on fonde un pronostic sur l'état de la personnalité entre dix-huit et vingt-trois ans, un âge où les risques sont grands de confondre des états de crise passagers avec des traits permanents. On risquerait fort, à moins de procéder à des examens cliniques très fouillés, pratiquement irréalisables, de favoriser les individualités qui auraient dépassé un peu plus tôt que les autres les instabilités de l'adolescence, les individualités en somme les plus tôt mûries. Mais à deux ou trois ans de là, les mêmes critères eussent joué autrement. Et la maturité précoce n'est nullement une promesse de plus grande richesse de la personnalité, ni une garantie de meilleure adaptation ultérieure.

Les instruments à employer pour procéder à une sélection seraient une autre source de difficultés. Il ne pourrait s'agir que de techniques d'examen psychologique. Mais on sait qu'elles n'ont pas de valeur absolue ; elles ne sont que des outils, et le parti que l'on en tire dépend pour une grande part de celui qui les emploie. Comment s'assurer que l'outil de sélection serait partout placé en de bonnes mains ? Il faudrait peut-être prendre la précaution de sélectionner les sélectionneurs à l'aide des mêmes critères qu'ils mettront en oeuvre. On ne peut en sortir...

Il faudrait encore supposer que tous les psychologues, à travers les divergences d'écoles, de méthodes ou d'orientations, se mettent d'accord sur la « personnalité » du psychologue idéal » ou du moins sur les personnalités incompatibles avec la psychologie. Nous ne sommes pas du tout sûr que l'accord serait facile à réaliser.

Enfin, si l'on demeure attaché à l'idée d'un tronc commun d'études de base, conduisant ensuite à un éventail de spécialisations, il est difficile de prôner une sélection psychologique au départ. En effet, les diverses spécialisations possibles, si elles bénéficient d'une assise aussi

large que possible de connaissances générales bien intégrées, n'exigent certainement pas la même tournure
d'esprit, les mêmes attitudes devant les personnes et les
choses, les mêmes qualités. Le psychologue de laboratoire
ne déploie pas les mêmes talents que le rééducateur spécialisé, le psychologue d'industrie doit s'affirmer d'une
manière très différente du clinicien d'enfants, etc...

Toutes ces difficultés incitent à la prudence. Il nous
semble qu'il faille chercher la solution de ce problème,
plutôt que dans une sélection à un moment précis du
curriculum, dans une « guidance » continue en cours
d'études. Au fur et à mesure qu'ils apprennent à connaître les étudiants, les professeurs devraient attirer leur
attention sur les écueils que créent leurs problèmes de
personnalité, leur suggérer éventuellement une intervention psycho-thérapeutique, les conseiller de façon très cir-
constanciée sur le choix de leur spécialisation, les inviter,
le cas échéant, à renoncer à leurs études, et enfin, là où
les règles déontologiques des maîtres leur dicteraient
d'écarter un candidat, le déclarer irrecevable sur la base
des stages pratiques. Une telle formule est la plus « psychologique », car elle respecte au maximum la liberté de
la personne, elle sauvegarde les chances de l'étudiant,
elle n'oblige pas à donner une portée démesurée à un
examen de sélection forcément relatif, et en orientant les
candidats, elle exploite au mieux leurs potentialités. Sa
mise en application est malheureusement soumise à quelques conditions : les professeurs, nombreux, doivent
encadrer des groupes d'étudiants assez réduits pour permettre la connaissance individuelle de chacun ; l'organisation des études doit réserver une très large part aux

stages pratiques, où les qualités personnelles peuvent se déployer et les défauts apparaître. Ces deux conditions sont rarement remplies dans nos universités francophones. Nous les tenons pourtant pour essentielles. L'enseignement de masse n'est jamais valable au niveau universitaire. Certaines matières, faute de mieux, s'en accommodent. Mais la psychologie, pensons-nous, ne peut s'enseigner qu'à de petits groupes. Nous ne voyons pas d'autre moyen d'assurer une formation en profondeur et qui, en même temps, mette aux mains des maîtres les moyens de protéger la profession et ceux qui y ont recours sans injustice envers les étudiants. Si le nombre des professeurs est limité et si les ressources sont limitées, il faut limiter le nombre des élèves. Mieux vaut, pour notre société, dix psychologues d'élite qu'une centaine d'amateurs, où se sera glissée une poignée de gens dangereux. Il en va des psychologues comme des maris : rien n'est plus merveilleux que d'en avoir un bon, mais s'il ne s'en trouve sur le marché que de mauvais, mieux vaut s'en passer..

4. LES CARRIERES PSYCHOLOGIQUES

La formation longue et complexe des candidats psychologues n'est pas seulement à la mesure de la difficulté de leur science. Elle est à la mesure de la diversité et des exigences des fonctions qu'ils auront à remplir. Ni le public, ni les étudiants débutants ne se représentent toujours clairement les carrières psychologiques. Nous ne chercherons pas à en fournir une liste exhaustive : trop de variantes existent en effet dans le détail, si l'on passe d'un pays à l'autre, en raison de dispositions purement administratives. D'autre part, une telle liste n'est jamais close puisque les progrès de la science ouvrent continuellement des perspectives nouvelles d'application, et partant, de nouveaux débouchés. Il faut enfin être attentif aux transformations que subit une fonction au gré de l'évolution des méthodes, des idées ou de la mentalité des utilisateurs de la psychologie. Nous nous bornerons donc à décrire dans leurs grandes lignes les diverses activités auxquelles s'adonnent les diplômés en psychologie et à situer le cadre dans lequel elles s'exercent.

Un premier souci des spécialistes d'une science est d'en assurer la transmission et le progrès. Une certaine proportion de psychologues devra donc se vouer à l'enseignement et à la recherche scientifique. Ces débouchés devraient naturellement être réservés à l'élite. Ils sont en nombre limité certes, mais croissant, puisque les applications de la psychologie s'enseigne, en dehors des psychologues, dans les contextes les plus divers : facultés de lettres, facultés des sciences (psychophysiologie, psychologie animale), facultés de médecine, facultés de droit. Aucun de nos pays européens de langue française ne peut se vanter de posséder assez de psychologues dotés de la formation minimum requise pour remplir les charges qu'entraînerait une saine organisation des études, ni même les charges qu'entraîne l'organisation actuelle. C'est donc une des tâches les plus urgentes que de former dans ce but les meilleurs étudiants.

Ceci pose le problème de l'organisation de la recherche et des spécialisations, voies de recrutement naturelles des futurs enseignants comme des chercheurs — l'enseignant universitaire n'étant jamais, s'il remplit sa mission, qu'un chercheur qui transmet sa compétence. Toutes les disciplines qui constituent la psychologie doivent être soutenues par la recherche. Certaines d'entre elles, d'ailleurs, ne débouchent pratiquement que dans la recherche : ainsi en va-t-il notamment pour les disciplines de laboratoire, psychologie expérimentale, psychophysiologie (à quelques exceptions près). La recherche psychologique est-elle dans nos pays encouragée comme elle le mérite ? Assurément non. Le financement de la recherche scientifique obéit à toutes sortes d'impératifs, qui aboutissent généralement à reléguer à l'arrière-plan les sciences humaines dans leur ensemble. Impératifs économiques d'abord, parfaitement légitimes d'ailleurs : la recherche scientifique constitue un investissement destiné à accroître la productivité, d'où priorité à des domaines directement liés à l'industrie. Impératifs de prestige politique : on favorise des recherches qui flattent l'orgueil national ou contribuent à la réputation internationale ; on sait à quel point cet impératif intervient dans la distribution des crédits de recherche en France. Impératifs d'immédiateté des résultats : on exige de la recherche qu'elle aboutisse à court terme, et si possible dans des applications pratiques. Impératifs de mode et d'opinion publique : certains domaines sont « dans le vent » et paraissent justifier tous les sacrifices, d'autres n'ont aucune audience ? ainsi vit-on l'un de nos gouvernements décréter que trois types de recherches seraient comblés et les autres laissés dans l'indigence, non point parce que ces trois domaines étaient précisément ceux à la tête desquels nous pouvions placer nos prix Nobel, mais parce qu'ils avaient, par on ne sait trop quel biais, exercé une séduction décisive sur les autorités.

Dans une distribution des ressources dominée par ces impératifs, les sciences humaines, et plus particulièrement la psychologie et l'éducation, ne peuvent être très favorisées. Elles n'ont guère d'incidence *directe* ni *immédiate* sur la productivité — elles en ont une capitale, mais indirecte et à long terme. Elles rehaussent peu le prestige politique car il leur manque ce côté spectaculaire sans lequel on n'impressionne pas les gens : les psychologues n'ont rien qui puisse rivaliser, aux manchettes des journaux, avec des satellites ou des greffes du coeur. Elles n'apportent des résultats que très lentement, liées à l'inévitable contrainte du temps, ainsi que nous l'avons souligné plus haut, contrainte que ne peuvent jamais compenser la célérité ni le nombre des chercheurs. Enfin, malgré la vogue grandissante de la psychologie dans le grand public, les recherches ne sont pas tenues pour essentielles. Nos sociétés, si généreuses lorsqu'il s'agit d'accroître leur prestige, leur confort ou leur puissance, se montrent réticentes lorsqu'il est question de prendre conscience de leurs problèmes psychologiques. Au point où nous en sommes dans notre réussite technologique. Il n'est pas outrecuidant de s'interroger sur la hiérarchie que nous admettons dans le financement des différents domaines du savoir. Cette hiérarchie est-elle défendable du point de vue éthique? Et du point de vue de l'évolution de notre espèce, de sa survie, est-elle le meilleur pari? L'idée que l'humanité court un danger fatal en développant les applications de la physique, sans avoir au préalable maîtrisé le problème de l'agressivité entre groupes sociaux, n'est pas une idée de psychologue. Elle s'est imposée de façon dramatique à quelques-uns des plus grands créateurs dans le domaine des sciences physiques elles-mêmes, tels Einstein et Oppenheimer. De quoi l'homme fera-t-il son meilleur destin, d'expéditions lunaires ou d'une plus profonde connaissance de lui-même? Il est vain de prophétiser. Sans jeter les regards si loin, il y a lieu de s'étonner devant l'indigence de certains secteurs de recherches et l'opulence d'autres secteurs. La recherche éducationnelle au sens le plus large est certainement moins bien lotie que la recherche médicale. Nous trouvons normal de dépenser des sommes gigantesques pour retarder de quelques années la mort d'un petit nombre de malades, mais nous hésitons à consacrer la même fortune à découvrir les répercussions objectives de telle méthode d'éducation ou d'instruction. Nous trouvons normal d'équiper des salles de réanimation qui permettent de sauver les victimes de la route, mais n'avons pas le courage d'aborder comme il devrait l'être, c'est-à-dire essentiellement comme un problème de comportement, le problème des accidents. La recherche nucléaire nous paraît s'imposer à toute société qui se respecte; ne serait-il pas plus respectable de se demander si l'organisme et le cerveau humains peuvent s'épanouir dans des appartements de soixante-quinze mètres carrés chacun? Comment résoudre les conflits? Comment préparer aux frustrations? Comment cultiver la créativité? Que faut-il pour qu'il y ait conflit, frustration ou créativité? Mille questions de ce genre sont peut-être à long terme plus vitales pour l'espèce humaine que la fission de l'atome. Il y faut atteler des chercheurs, passionnés de ce qu'ils font.

Revenons à nos carrières psychologiques. Pour en finir avec l'enseignement, notons que la psychologie s'enseigne, en dehors des universités, dans divers types d'écoles. Elle tient une place de choix dans la formation des instituteurs, des éducateurs spécialisés et des assistants sociaux, commence à s'imposer dans celle des infirmières, des puéricultrices, etc... Il y a là des débouchés professionnels de plus en plus nombreux pour les futurs psychologues.

Mais les applications fournissent néanmoins les carrières les plus nombreuses et les plus courantes.

Le psychologue de laboratoire trouvera, rarement il est vrai, à s'employer dans certaines formes de recherche industrielle: étude expérimentale des effets des médicaments du système nerveux sur le comportement, dans le cadre des laboratoires de recherche pharmaceutique; étude de problèmes de psycho-physique, dans le cadre des laboratoires d'acoustique appliquée par exemple; étude d'ergonomie spécialisée, visant à accorder aussi efficacement que possible la machine et l'homme dans la mise au point d'une nouvelle méthode de production, etc...

La psychologie industrielle se pratique sous deux formes: celle du psychologue attaché à l'entreprise, et celle de l'expert consulté. La nature de l'intervention du psychologue ne diffère guère, mais bien son rôle, sa position par rapport aux utilisateurs. Les tâches du psychologue d'industrie se réduisaient, à l'origine, à la sélection du personnel et à quelques problèmes de rationalisation du travail. Elles se sont singulièrement diversifiées et compliquées, au point qu'elles ne peuvent être assumées que par des psychologues très complets. A la sélection, se sont ajoutés les problèmes de formation, de promotion, d'organisation, de productivité, de sécurité, de communication entre niveaux hiérarchiques ou entre secteurs, de conflits, de commandement, etc... Psychotechnique et psychométrie au sens traditionnel du terme ne peuvent donc suffire à aborder toutes ces tâches.

L'orientation professionnelle, jadis l'application la plus en vogue de la psychologie, se confond pendant toute la durée de la scolarité avec l'orientation scolaire. Si celle-ci a été bien faite, l'individu, au moment de prendre ses responsabilités économiques, entrera tout naturellement dans le groupe des métiers ou des professions auquel ses études le destinent. Restera cependant un important contingent de sujets mal orientés, ou qui n'ont pas suivi en temps voulu les conseils donnés. L'orienteur professionnel retrouvera ici toute son utilité. Il cherchera à concilier, en dépit de leurs discordances, la formation, les capacités réelles, et les prétentions de son client; il provoquera les prises de conscience nécessaires à un choix réaliste, agira sur les motivations et les attitudes, apportera éventuellement un soutien continu pour favoriser l'adaptation. Il pratiquera ainsi une véritable psychologie clinique centrée sur l'analyse d'un cas individuel. Ici non plus, il ne peut être question de se contenter de connaître les tests et les métiers: une formation psychologique approfondie est indispensable.

Elle l'est, *a fortiori,* dans les secteurs de l'orientation professionnelle des handicapés de tous genres — arriérés mentaux, déficients moteurs, déficients sensoriels, accidentés, toujours plus nombreux, atteints de séquelles psychologiques ou motrices, etc... Ces cas ne se résolvent pas par une simple équation entre quelques rudiments d'aptitudes et les exigences des métiers. Comment l'infirmité s'inscrit-elle dans la personnalité? Quelles motivations existantes peuvent être mises à profit? Sur quelles capacités d'apprentissage est-il permis de compter? Sur quels appuis de l'entourage peut-on tabler, à quelles réactions s'attendre? Quels risques prend-on en cas d'échec, comment une frustration serait-elle tolérée? Autant de questions qui exigent que le psychologue procède à un examen fouillé et suive le cas avec assiduité, en intégrant, dans ses interventions, les données pathologiques, sociales, familiales, économiques. Par la richesse des connaissances qu'elle suppose, la diversité des méthodes qu'elle met en oeuvre, la signification sociale et humanitaire qu'elle revêt, l'orientation professionnelle spéciale est l'une des carrières les plus enthousiasmantes qu'un jeune psychologue puisse rechercher.

La psychologie scolaire, quel que soit le nom qu'on lui donne et le cadre institutionnel où elle s'exerce, représente aujourd'hui le principal débouché des études de psychologie. En fait, les problèmes que l'on y traite, s'ils se trouvent posés à l'occasion de la scolarité, dépassent presque toujours le cadre de l'école. Ce sont les problèmes éducatifs les plus divers que le psychologue scolaire en vient à aborder, et, au-delà de l'orientation de l'enfant dans ses études, il s'agit bien de développement de la personnalité. Le rôle de l'entourage étant presque toujours en cause dans les difficultés éducatives, c'est le milieu familial que le psychologue, à travers l'examen de l'enfant, cherchera à examiner ; souvent c'est lui qu'il faudra modifier plutôt que l'enfant. Il y faudra d'autant plus d'adresse que les parents ont soumis au psychologue le cas de leur enfant, non leur propre cas ; il faut donc agir sur eux sans avoir l'air d'y toucher. Si l'on peut faire un excellent psychologue d'enfants doit être, de surcroît, un excellent psychologue d'adultes. On se trompe donc lourdement en voyant dans la psychologie scolaire, comme font certains, l'un des domaines les plus faciles de la psychologie appliquée, le plus accessible à des jeunes filles dotées en deux ou trois ans de quelques connaissances sur les tests et sur la psychologie de l'enfant. Il y faut de la maîtrise en psychologie du développement, en psychologie éducationnelle, en psychologie de la personnalité, en psychologie familiale, non moins qu'en psychométrie, méthodes diverses d'examen individuel et d'action psycho-éducative, troubles psycho-pédagogiques. Si l'on songe aussi que, dans l'enfance, bien des erreurs peuvent être réparées qui, plus tard, auraient entraîné des complications irréversibles, on n'hésitera pas à confier ces responsabilités aux meilleurs d'entre les psychologues, et à mettre à les former le prix qu'il faudra.

Nous ne ferons donc guère de différence entre le psychologue qui s'occupe de l'enfant individuellement par le truchement de l'école, et le psychologue d'enfants auquel les parents s'adressent directement. Leurs tâches sont de même ordre.

La complexité de nos exigences éducatives et celle des méthodes psychologiques ont entraîné des spécialisations dans des types de problèmes bien définis. Ces spécialisations, il importe d'y insister, ne peuvent être conçues comme un fragment d'une formation plus générale, mais comme un complément. Prenons l'exemple, très en vogue aujourd'hui, des troubles du langage et de leur rééducation, communément désignée du terme de *logopédie*. Il est certes possible, en deux ou trois ans sans formation scientifique préalable, d'entraîner des éducatrices spécialisées qui appliqueront des méthodes de rééducation de la parole sur les indications et sous la supervision d'un spécialiste. Mais ce spécialiste de la psychologie du langage et de ses troubles devra nécessairement avoir derrière lui une formation comparable à celle du psychologue scolaire ou du psychologue de l'enfant, à quoi il ajoutera une connaissance approfondie du langage, de ses troubles et des moyens de les redresser. Mais ces connaissances seraient vaines, voire dangereuses, s'il ne les insérait dans sa formation première. En effet, il fausserait complètement les problèmes de langage s'il n'était en mesure d'en éclairer les origines et les répercussions dans le domaine affectif, intellectuel, social.

Il en va de même en psychologie spéciale des déficients mentaux, des déficients psycho-moteurs, des délinquants, etc..., spécialités qui amènent le psychologue à collaborer avec le médecin, ou le juriste. Ces spécialités offrent des débouchés de plus en plus nombreux, à la faveur d'un intérêt croissant de l'opinion et des pouvoirs publics pour toutes les formes de handicaps. Chacune requiert, à côté d'une formation approfondie qui ne peut s'acquérir qu'après un cycle d'études du niveau de la licence, des qualités personnelles particulières; tous les caractères n'ont pas la patience, l'équilibre, l'espérance nécessaires au contact quotidien des arriérés, ou l'autorité et la clairvoyance sans lesquelles on ne peut aborder les délinquants.

Dans l'équipe psychiatrique, le psychologue trouve sa place, nous l'avons vu, à la fois pour nuancer et individualiser le diagnostic et assumer certains types de traitement relevant proprement des méthodes psychologiques. Ces fonctions, nous y avons insisté, exigent plus de quatre ou cinq années d'études. Plus encore que les précédentes, elles ne devraient être remplies que par des psychologues spécialisés dont la formation couvrirait au total sept ou huit ans. Ce n'est pas de trop pour s'initier à la pathologie mentale, à la pratique du diagnostic psychologique et aux psychothérapies. Beauxoup de divergences et de controverses existent encore sur le droit des psychologues à pratiquer telle ou telle méthode d'action psychologique. Pour certains, le terme de *psychothérapie* suffit à écarter tous les non-médecins. Nous ne reprendrons pas ce débat sur lequel nous avons proposé quelques remarques à propos des relations médecin-psychologue. Mais il est bon d'avertir l'étudiant en psychologie de ces difficultés, et de répéter aussi que le psychologue bien formé est sans doute le plus habilité à agir sur le comportement et la personnalité. La médecine revendique par exemple souvent l'exclusivité de la psychanalyse, et dans certains pays, ce point de vue a force de loi. A nos yeux, la psychanalyse est d'abord une méthode d'exploration de la personnalité, dont un sujet normal serait parfaitement en droit de demander l'application sur lui-même aux fins de se mieux connaître, — alors qu'il ne pourrait être question d'accorder une thérapeutique médicamenteuse ou chirurgicale à un bien portant. Méthode dont il est permis d'user, à titre expérimental pour ainsi dire, sur des sujets mentalement sains afin de fonder une théorie de la personnalité. Appliquée aux malades, et dans le but de *les guérir, elle devient thérapeutique,* mais elle ne constitue pas, par essence, en tout autre contexte, un acte médical.

A côté de ces orientations majeures de la psychologie appliquée, on trouvera les psychologues dans des contextes très divers, exerçant leur activité professionnelle au titre de conseiller, souvent doublé d'un chercheur. Formé aux méthodes de la psychologie sociale et de l'anthropologie, il se joindra aux équipes de développement communautaire dans les pays sous-développés. Expert de formation expérimentale, clinique ou psychométrique, il participera à la recherche et à l'action de prévention routière. Ici il apportera une contribution importante dans les études de publicité, là il prodiguera ses conseils aux ecclésiastiques dans les affaires de pastorale, ailleurs il mettra son savoir expérimental au service de la recherche spatiale pour conditionner les animaux qui permettront d'apprécier les risques d'une tentative avec passagers humains, etc...

En somme, partout où il y a des hommes, ou des animaux, dont le comportement mérite d'être étudié, contrôlé, modifié, à des fins de pure connaissance, d'intérêt économique ou d'idéal moral, les psychologues, de plus en plus nombreux, ont leur place. Place lourde de responsabilités, qu'ils n'ont le droit de revendiquer et de tenir que s'ils ont reçu la formation adéquate. Rien n'est si dangereux, pour le public comme pour la psychologie, que de produire des psychologues en masse, et trop vite, sous prétexte que la demande est grande. Dans les domaines d'application de la psychologie, mieux vaut personne que de faux spécialistes.

5. L'ORGANISATION DE LA PROFESSION : PROTEGER LES PSYCHOLOGUES ET LEUR PUBLIC

Hélas, dans plusieurs pays, il n'existe pas encore de moyen légal d'écarter de la pratique psychologique les gens sans scrupules et dépourvus de titres. Nous exagérons à peine en disant qu'une cartomancienne qui trouverait l'étiquette plus publicitaire pourrait impunément s'intituler psychologue. J'ignore s'il se trouve, parmi les charlatans de la psychologie, des ci-devant magiciennes, mais à deux cents mètres de chez moi, un autodidacte affiche sur plaque de bronze un titre de *psychologue,* suivi du détail de ses spécialités. S'affublent du même titre, sans que le public, non informé, puisse opérer les distinctions, des docteurs universitaires qui ont ajouté à une licence complète une longue formation spécialisée, des licenciés universitaires sérieux, des diplômés d'écoles techniques, peut-être aptes à faire de bons assistants, mais non à endosser seuls des responsabilités, et des amateurs de tout acabit, malhonnêtes ou inconscients. Les postes officiels, bien sûr, soumis à des critères de recrutement précis, offrent des garanties aux utilisateurs. Mais dans le domaine privé, le client pénétrant chez le psychologue peut ignorer qu'il se confie à un imposteur. Le public n'est pas assez averti de ce danger.

Il manque au titre de psychologue la protection légale. Il manque les institutions reconnues qui permettent de sanctionner les fautes contre la déontologie. Il y a lieu de s'étonner que les psychologues n'aient pas encore partout pris les mesures pour protéger leur profession et le public — car les deux choses sont liées — à l'instar des médecins, des avocats, des architectes, et de tant d'autres corporations. Cette curieuse lacune s'explique par plusieurs raisons. L'enseignement de la psychologie, science récente, s'est développé de façon quelque peu anarchique, tantôt à l'intérieur des cadres universitaires, tantôt en dehors d'eux. Ainsi, l'une des plus prestigieuses écoles de psychologie de langue française, Genève, fut à l'origine une institution privée, qui ne fut rattachée à l'université qu'ultérieurement. La formation psychanalytique est entièrement indépendante de l'université. Les universités elles-mêmes ont délivré, et délivrent encore parfois, des diplômes de valeur très différente quant à la durée et à la difficulté des études qu'ils sanctionnent. Souvent, pour répondre aux demandes trop rapides dans les domaines d'application, on a commis l'erreur de produire des psychologues dépourvus de formation scientifique sérieuse. On a dissocié les techniques d'intervention pratique — application des tests, procédures de sélection ou d'orientation professionnelles, etc... — de la psychologie générale. Ainsi, l'université de Genève délivrait, jusqu'à cette année 1968, à côté des licences d'un niveau comparable à celui des autres licences d'un niveau comparable à celui des autres licences universitaires, des diplômes sanctionnant des études plus courtes et plus faciles. L'Institut National d'Orientation Professionnelle, à Paris, sort des diplômés avec un bagage qui ne manque pas de valeur, mais qui ne peut se comparer, quant à la formation scientifique générale, à celui d'une licence universitaire. Il y a six ou sept ans, avant une récente et profonde réforme, un Institut d'Orientation professionnelle de l'Université de Liège diplômait des étudiants qui avaient accompli quatre années d'études, mais dont les deux premières pouvaient n'avoir aucun rapport avec la psychologie. On pourrait continuer d'aligner des exemples. Il est difficile, même à l'intérieur d'un même pays, en face d'une telle hétérogénéité dans la formation, de définir le titre qui serait à protéger. Ces difficultés se résorbent peu à peu, la réforme des études en France, la création de nouveaux instituts dans certaines universités belges, la refonte des programmes genevois y contribuant largement.

Il n'est pas douteux, par ailleurs, qu'une unité dans les exigences de la formation suppose une certaine unité de vue quant à l'objet, les méthodes, les concepts de la psychologie scientifique. Les difficultés internes de la psychologie constituent encore autant d'entraves.

Enfin, il ne suffit pas de protéger un titre académique. Il faut préciser les fonctions auxquelles il habilite, et pour lesquelles il est nécessaire. Préciser ces fonctions, c'est revoir l'ensemble des problèmes de la psychologie appliquée, et notamment faire l'accord sur les domaines respectifs de la psychologie et de la médecine, et leurs rapports réciproques. Un tel accord, à son tour, ne paraît possible que si sont résolus les problèmes de la formation notamment au niveau de la spécialisation. Ainsi se trouvent intimement liées toutes les questions que nous avons discutées dans ce chapitre : formation, spécialisation, sélection, fonctions professionnelles et enfin protection du titre et de la profession.

Il appartient aux organisations professionnelles de psychologues, assistées par les autorités scientifiques, d'obtenir de la loi la protection du titre et de se constituer en ordre reconnu, ayant le pouvoir de réprimer les abus et les fautes. Nous n'entreprendrons pas de discuter dans le détail les problèmes juridiques et techniques d'une telle entreprise, urgente et indispensable. Nous nous en tiendrons à quelques grands principes, très brièvement formulés.

Le titre de psychologue devrait être réservé, par la loi, à des porteurs de diplômes universitaires complets (c'est-à-dire du niveau de la licence au minimum). Seuls ces derniers devraient être autorisés à le porter et à en faire état à des fins professionnelles. Les porteurs de tous autres diplômes de niveau inférieur devraient obligatoirement préciser dans leurs titres le caractère technique de leur formation.

Seuls les psychologues porteurs du titre universitaire devraient être autorisés à remplir des fonctions de pleine responsabilité : en d'autres termes, les diplômés d'écoles techniques en psychologie ne pourraient pratiquer que sous le contrôle effectif et direct d'un psychologue reconnu.

Les diplômes universitaires reconnus devraient garantir une formation scientifique suffisamment approfondie et un minimum de formation pratique.

Les psychologues devraient être groupés en *ordre* et élaborer une liste des fonctions qu'ils peuvent être amenés à remplir. Parmi celles-ci, il importerait de distinguer celles qui feraient l'objet d'une formation spécialisée, à acquérir, selon le cas, à l'intérieur de l'université ou au-dehors.

Un code déontologique devrait préciser:

1) Les actes professionnels autorisés indistinctement à tous les psychologues.

2) Les actes permis aux seuls psychologues spécialisés.

3) Les domaines où la précaution d'un examen médical, en marge de l'intervention psychologique, est requise.

4) Les domaines où le psychologue ne peut agir qu'en étroite collaboration et, ou sous la responsabilité du médecin spécialiste.

Quelques exemples permettront de mieux fixer les idées, La pratique des tests mentaux serait autorisée à tous, mais les traitements psychologiques, ou la responsabilité d'institutions pour arriérés mentaux seraient réservés aux spécialistes. D'autre part, la précaution de l'examen médical en marge de toute intervention en psychologie clinique de l'enfant serait formellement prescrite, et la nécessité de la responsabilité médicale dans les cas psychiatriques serait nettement affirmée.

Enfin, un code déontologique doit aussi, et même primordialement, définir l'éthique de la profession. S'agissant de la psychologie, ce point apparaîtra aussi fondamental que délicat, si nous avons gardé en mémoire les discussions des trois premiers chapitres de cet ouvrage. Même les principes qui entraîneront d'emblée l'adhésion générale donneront lieu à d'extrêmes difficultés dans la pratique. Ainsi, chacun marquera son accord à l'idée que le psychologue ne doit en aucun cas tirer profit d'une intervention dont il sait, sur le plan scientifique comme sur le plan humanitaire, qu'elle est inutile. Mais très souvent, la preuve n'est pas faite de l'utilité ou de l'inutilité de telle intervention psychologique, on n'a pas procédé à la validation indispensable. Suffit-il dès lors de *croire* à la valeur de ce qu'on fait pour être justifié? Ou bien est-il permis d'agir à l'aide d'une méthode encore imparfaitement validée pourvu que l'action entreprise vise, entre autres, à recueillir des résultats en vue d'une validation? Si l'on voulait se montrer strict à ce sujet, et renoncer à toute application psychologique fondée seulement sur une croyance, sans validation solide ni même intention d'y atteindre, il faudrait probablement supprimer la moitié de la psychologie appliquée contemporaine.

La médecine moderne a repris à l'antiquité le bel adage *Primum non nocere — Avant tout, éviter de nuire —* que tous les psychologues feront leur sans réserves. Il est déjà souvent difficile d'agir conformément à ce principe en médecine et d'opter pour un traitement dont les inconvénients ou les dangers sont aussi importants que les avantages. Mais en psychologie, il est bien plus dif-

ficile encore de savoir à quel moment on nuit, à quel
moment on aide. La multiplicité des variables en jeu
dans les situations pratiques, les difficultés de l'extrapolation à la vie réelle des connaissances scientifiques
acquises en situation privilégiée, la lenteur des processus
de comportement, les répercussions indirectes de l'action
psychologique bien au-delà des individus directement en
contact avec le psychologue, sont autant de facteurs qui
rendent très malaisée l'évaluation de la nocivité possible
d'une intervention psychologique. Nuit-il ou non celui
qui propose une réforme des méthodes d'instruction scolaire dont les résultats ne seront jugés que dans une
génération? Nuit-il ou non celui qui, se fiant à une psychométrie des performances actuelles, sans égard pour les
possibilités d'acquisition et de changement de la personnalité, décrète à un adolescent que tels chemins professionnels lui sont d'ores et déjà interdits? Nuit-il celui
qui, soucieux d'assurer la productivité immédiate d'un
village en voie de développement, encourage et installe
des comportements qui rendront ensuite impossible pour
ces mêmes individus d'assumer la responsabilité de leur
propre communauté? Nuit-il celui qui, rendant ce qu'il
appelle *l'autonomie* à un client, ignore que cette amélioration se traduira pour l'entourage par d'inextricables
complications?

Mais l'écueil majeur dans l'élaboration d'une éthique
de la profession des psychologues, le lecteur l'aura
entrevu s'il nous a suivi lorsque nous avons affirmé que
l'action psychologique s'appuyait nécessairement sur une
conception normative de l'homme. La déontologie du
psychologue, ce n'est pas seulement la définition de quel-

ques règles morales relatives à l'exercice d'une profession bien délimitée, constituant en fait un tout petit fragment de la société — règles que l'on pourrait sans trop de peine rendre universelles —. Elle est une prise de position devant l'éthique entière de la société, elle est engagement face aux divers courants qui dominent l'évolution culturelle, elle est affirmation de valeurs tenues pour primordiales, et qui guideront les applications de la science.

On conçoit qu'en ces matières un accord général ne soit point aisé. Peut-être n'est-il pas possible, ni même souhaitable. L'essentiel, c'est que chaque psychologue soit clairement conscient de ce que sa profession l'accule à un choix que sa science ne suffit pas à lui dicter. Ici rentre en scène la philosophie, non celle qui jargonne sur la science des autres, enfermée dans un univers circulaire, mais celle de l'homme inquiet des responsabilités qu'il détient dans la conduite de son destin.

CONCLUSION

Une conclusion ne s'adresse qu'au lecteur assez obstiné pour lire un livre jusqu'au bout. Il mérite donc que l'on n'abuse pas de son courage et que la conclusion, par conséquent, soit brève. Il n'est pas utile de lui résumer ce qu'il vient de lire. S'il sait lire, il sait résumer; et s'il ne sait pas lire, un résumé ne l'aidera pas. Un résumé ne servirait donc qu'au lecteur astucieux qui commence les livres par la fin. Si nous écrivions des romans policiers, nous éviterions de leur donner un dénouement, ou nous cacherions vers le milieu le secret de l'intrigue, pour déjouer ces lecteurs qui refusent aux auteurs leur complicité. .

Une conclusion, d'autre part, risque de clore la discussion. Nous étions partis d'une question: Pourquoi les Psychologues? Nous espérons en avoir soulevé quelques autres. Nous ne cherchions pas à communiquer à notre lecteur obstiné la psychologie de l'alpha à l'oméga. Le fragment de l'univers sur lequel se penchent les psychologues ne ressemble pas à un bel et limpide alphabet, mais plustôt aux caractères indéchiffrables des Mayas. Nous ne cherchions pas à lui donner le secret d'une mémoire prodigieuse, ni le moyen d'acquérir par la volonté une volonté de surhomme; pas plus qu'à l'aider à venir à bout de sa timidité, à faire de ses enfants des génies, à comprendre les tests auxquels il risque d'être soumis (afin de n'être pas le jouet du psychologue, sans doute), à accéder à des extases sexuelles inégalées, à échapper à la vieillesse, ou, comme cet auteur qui a préféré ne pas révéler son identité, à ne pas tuer sa femme. Nous n'avions d'autre ambition que de le laisser avec de nombreuses interrogations. Si nous y avons réussi, mieux vaut partir sur la pointe des pieds.

TABLE DES MATIERES

PSYCHOLOGIE ET SCIENCES HUMAINES

collection publiée sous la direction de MARC RICHELLE